ऊँची उड़ान

"बुलंदियों को छूना मुमकिन है"

डॉ. सुचेता यादव

सर्वाधिकार © 2022 डॉ. सुचेता यादव

यह एक प्रेरणादायी कृति है। लेखिका अपनी बौद्धिक संपदा के मालिक के रूप में पहचाने जाने के अपने नैतिक अधिकार पर जोर देती है।

सर्वाधिकार सुरक्षित

प्रथम संस्करण: जून 2022
भारत में मुद्रित

मुद्रक : प्रिंटवन ग्राफिक्स, नवी मुंबई
टाइप : कोकिला

ISBN: 978-93-94603-15-8

आवरण रचना: जया लोखंडे

STORYMIRROR
Stories that reflect you

प्रकाशक : स्टोरीमिरर इंफोटेक प्राईवेट लिमिटेड,
१४५, पहला माला, पवई प्लाझा,
हीरानंदानी गार्डन्स, पवई,
मुंबई-४०००७६, भारत

Web: https://storymirror.com
Facebook: https://facebook.com/storymirror
Instagram: https://instagram.com/storymirror
Twitter: https://twitter.com/story_mirror
Email: marketing@storymirror.com

इस प्रकाशन का कोई भी हिस्सा, इलेक्ट्रोनिक, मैकेनिकल, फोटोकॉपी, रिकॉर्डिंग या अन्यथा द्वारा, के रूप में या किसी भी तरह, लेखक/प्रकाशक की पूर्व अनुमति के बिना, पुनरूत्पादित, हस्तांतरित, या किसी भी पुनर्प्राप्ति प्रणाली में संग्रहीत नहीं किया जाना चाहिए।

समर्पण

समर्पित है मेरे प्रेरणा-स्रोत
परम पूजनीय, स्वर्गीय जीजाजी
प्रोफेसर (डॉ.) सुनील यादव जी को (1971-2021)
पूर्व चेयरपर्सन एवं डीन, विधि विभाग,
कुरुक्षेत्र विश्वविद्यालय कुरुक्षेत्र (हरियाणा)।

लेखिका के बारे में

हरियाणा प्रांत के महेन्द्रगढ़ जिले में एक बड़ा ही खूबसूरत सा गाँव है- बिहाली। इसी गाँव की सरजमीं पर डॉ. सुचेता यादव ने मई, 1980 में अपनी आँखें खोली।

ग्रामीण अंचल के एक शिक्षित किसान परिवार में पली-बढ़ी डॉ. सुचेता यादव बहुमुखी प्रतिभा की धनी हैं और वर्तमान में पेशे से उच्चतर शिक्षा निदेशालय, हरियाणा के अधीन पं0 नेकीराम शर्मा गवर्नमेंट कॉलेज, रोहतक के भूगोल विभाग में एसोसिएट प्रोफेसर के पद पर कार्यरत हैं। उनके भूगोल विषय से संबंधित अनेक शोधपत्र, राष्ट्रीय व अंतरराष्ट्रीय पत्रिकाओं में प्रकाशित हो चुके हैं। **बचपन से ही दिल में हिलोरे लेती देश-भक्ति व समाज सेवा की भावना ने उन्हें एक शिक्षाविद् से लेखिका, कवयित्री व प्रेरक वक्ता बना दिया है। उनका प्रेरणादायी यू-ट्यूब चैनल आज हजारों-लाखों युवाओं के लिए प्रेरणा-पुंज है।**

प्रस्तावना/लेखिका की कलम से

अद्भुत ! अविश्वसनीय ! अपार हर्ष की अनुभूति !

मेरी ज़िंदगी का वर्षों पुराना सपना, जिसको मैंने बहुत ही नजाकत के साथ हृदय के किसी कोने में सहेजकर रखा था, आज 'ऊँची उड़ान' पुस्तक के प्रकाशन के साथ पूरा हुआ। मैं कोई पेशेवर लेखिका नहीं हूँ। इस पुस्तक को लिखने की प्रेरणा मुझे, मेरी पिछले 20-25 वर्षों की प्रेरणादायी पुस्तकें पढ़ने की आदत, इंटरनेट पर उपलब्ध प्रेरणादायी ज्ञान व अनेक महापुरुषों की जीवनियों के स्वाध्याय और मेरी स्वयं की ज़िंदगी के अनुभवों से मिली।

ज़िंदगी में मैंने स्वास्थ्य संबंधी न जाने कितने ही उतार-चढ़ाव देखे, कितने ही संघर्षों को झेला, करियर के क्षेत्र में न जाने कितनी ही असफलताओं का सामना किया, कभी किसी अतिप्रिय अपने का साथ हमेशा-हमेशा के लिए छूटा, **मगर अनेक बार टूटने व गिरने के बाद भी बार-बार मैदान-ए-जंग में उठ खड़ी हुई तो सिर्फ इस पुस्तक में छुपे रहस्यों की वजह से। इन रहस्यों ने मुझे हार कर भी हारने नहीं दिया और आज जिस मुकाम पर मैं हूँ, जितनी भी बुलंदियों को मैंने छुआ है, केवल और केवल इस पुस्तक में अंकित सफलता के स्वर्णिम सूत्रों की वजह से।** इन स्वर्णिम सूत्रों ने मुझे इतना ऊर्जावान, सकारात्मक व आत्मविश्वासी बना दिया है कि अभी-अभी पिछले दो वर्षों में तीन बार सर्जरी के बुरे दौर से गुजरने व कोरोना वायरस के संक्रमण के भयावह दौर से गुजरने के बावजूद, मैं आप सभी से ये रहस्य साझा करने के लिए बहुत ही उत्सुक हूँ।

ज़िंदगी में बुलंदियों को छूने की, सफलता प्राप्त करने की ख्वाहिश हर इंसान की होती है और बुलंदियाँ भी किसी **क्षेत्र-विशेष, वर्ग-विशेष या आयु-विशेष** की मोहताज नहीं होती हैं। **"बुलंदियों को छूने का आप सभी का जन्मसिद्ध अधिकार है लेकिन तब ही जब आप वहाँ पहुँचने की काबिलियत ख़ुद में पैदा करते हैं।"** अगर सूरज की तरह चमकना चाहते हो तो सूरज की तरह जलना पड़ेगा और अगर सोने की तरह निखरना चाहते हो तो कुंदन की तरह तपना पड़ेगा। बुलंदियों को छूना मुश्किल जरूर है मगर नामुमकिन नहीं। हम सभी के पास प्रतिदिन वही '86400 सेकण्ड' का समय है मगर एक इंसान सफलता के उच्चतम पायदान पर पहुँच जाता है और दूसरा भाग्य को कोसता रह जाता है। **आखिर क्यों ?**

इस क्यों का जवाब ही है- यह पुस्तक। विभिन्न महापुरुषों के माध्यम से इतिहास आपको शिक्षा देने के लिए आतुर है। अब्दुल कलाम का रामेश्वरम् की झोपड़ियों से राष्ट्रपति भवन तक का सफर, रमेश घोलप का चूड़ियाँ बेचने से आई.ए.एस. बनने तक का सफर, उनकी कड़ी मेहनत, संघर्ष व बुलंद हौसलों की कहानी बयाँ करता है। पुस्तक के सभी सातों अध्याय चाणक्य महान की इस सूक्ति को पूर्णतया चरितार्थ करते हैं **"श्रेष्ठता जन्म से नहीं आती, अपितु गुणों के कारण उनका निर्माण होता है।"**

ज़िंदगी एक पहेली की तरह है और यह आप पर निर्भर करता है कि आप इस पहेली को किस ढंग से खेलते हैं- **सकारात्मक सोच वाले बादशाह बनकर या निराशावादी सोच वाले हारे हुए इंसान बनकर।**

अतः प्रिय दोस्तो ! जागो !

अपनी बंद आँखें खोलो ! ख़ुद पर यकीन की ताकत को जगाओ ! दृढ़ निश्चय व मेहनत की दो-धारी तलवार को अपने हाथों में संभालो और ईश्वर

की सुंदरतम रचना होने का फर्ज अदा करो। ब्रह्मण्ड की सारी शक्तियाँ तुम्हें बुलंदियों तक पहुँचाने का इंतजार कर रही हैं।

‘ख़ुद अपने पाँवों को हिम्मत का तू बल दे,

उठा अपना सिर और आगे को चल दे।

कहाँ पूछता फिर रहा तू अपना ज्योतिष,

ग्रहों का अगर डर है तो ग्रहों को बदल दे।’

(भरत व्यास)

आभार

सर्वप्रथम आभार उस परम-पिता परमेश्वर का जिनकी अनुकंपा से मुझमें थके-हारे साथियों में ऊर्जा, स्फूर्ति व आत्मविश्वास का पुनः संचार करने की सोच जागृत हुई। जिनके अदृश्य संकेतों से मुझे यह दृढ़-विश्वास हो गया कि हुनर हर किसी में होता है, बस जरूरत है तो सिर्फ उसे पहचानने एवं बाहर निकालने की। प्रभु की असीम कृपा से आप सभी का छुपा हुआ हुनर बाहर निकालने के लिए आज यह 'ऊँची उड़ान' का ताज मेरे सिर पर है। **कोटि-कोटि आभार मेरे माता-पिता (श्री श्याम लाल व श्रीमती बिमला देवी) का, जिन्होंने मेरे अस्थमा अटैक वाली काली रातों और मेरे आई.ए.एस. बनने के टूटते सपनों वाले दिनों में मुझे ना थकने दिया और ना ही टूटने दिया। उन्होंने मुझे हमेशा यही सिखाया कि मुसीबतों से कैसे बचें ? असफलताओं से क्यों डरे ?** बचपन से ही उन्होंने किसी के द्वारा कही गई निम्नलिखित पंक्तियों को मेरे जेहन में उतार दिया-

"शहसवारे ही गिरा करते हैं मैदान-ए-जंग में,

तुल्फ वो क्या गिरेंगे, जो घुटनों के बल चले।"

उनकी प्रेरणा से ही आज मैं इतनी मेहनती, आत्मविश्वासी व दृढ़ निश्चयी बन पाई हूँ। उन्हीं की प्रेरणा ने आज मुझे यह पुस्तक प्रकाशित करने के लिए प्रोत्साहित किया है। **मेरे माता-पिता ने मुझे उड़ने के लिए पंख दिए तो मेरे प्रिय जीवन साथी डॉ. राजकुमार यादव (प्रो. कम्प्यूटर साइंस,**

यू.आई.ई.टी., महर्षि दयानंद यूनिवर्सिटी, रोहतक) ने उड़ने के लिए खुला आसमान दिया और मुझे सिखाया कि ज़िंदगी में ऊँची उड़ान भरना मुश्किल जरूर है, मगर नामुमकिन नहीं। अपने प्रिय हमसफर के सहयोग से ही आज मैं यह पुस्तक आप सभी के हाथों में सौंपने की हिम्मत कर रही हूँ। आभार मेरे लिटिल स्टार हर्षिता राव व लावण्य राव का, जिनके मेरी ज़िंदगी में आगमन के बाद जैसे बसंत का आगाज हो गया है, नित नए फूल मेरे चारों तरफ खिलते रहते हैं और नए-नए विचारों का मन-मस्तिष्क में आगमन होता रहता है। मैं हृदय से आभार प्रकट करती हूँ अपने समस्त परिवारजन, सगे-संबंधी, गुरूजन व दोस्तों का, जिनके आशीर्वाद व प्यार से आप सभी से रूबरू होने का मुझे मौका मिला है।

मैं हृदय से आभार प्रकट करती हूँ, उच्चतर शिक्षा निदेशालय, हरियाणा का, अपने सम्माननीय प्राचार्य एवं समस्त सहकर्मियों का जिनका प्रत्यक्ष और अप्रत्यक्ष रूप से मुझे हमेशा प्रोत्साहन और सहयोग मिला। मेरे प्रिय विद्यार्थियों के बीच रहकर मैंने इतना कुछ सीखा है कि आज उनसे सीखी हुई बातें व उनकी समस्याएँ मुझे यह पुस्तक लिखने के लिए स्वतः ही प्रेरित कर रही हैं।

अंत में मैं आभारी हूँ 'संयोग' पुस्तक के युवा लेखक 'यश यादव' व उनकी स्टोरीमिरर की पूरी टीम की, जिनके पूर्ण सहयोग से मैं यह पुस्तक प्रकाशित करने में समर्थ हो पाई हूँ। आपको बुलंदियों तक पहुँचाने के लिए यह पुस्तक आपके हाथों में उन्हीं के साझा प्रयासों से है।

विषय-सूची

अध्याय-1

बुलंदियों की तरफ प्रथम क़दम 15

नामुमकिन कुछ भी तो नहीं 20

सफलता सुविधाओं की मोहताज नहीं 31

ख़ुद पर यकीन 38

सफलता उम्र की मोहताज नहीं 49

अध्याय-2

बुलंदियों को छूने के स्वर्णिम सूत्र 53

सपनों के महल खड़े करो 55

दृढ़ प्रतिज्ञा 63

कठोर परिश्रम 66

समय-प्रबंधन 70

धैर्य की ताकत 75

ब्रांडिड सोच 78

के.पी.एफ व बी.पी.एफ. का सिद्धांत 81

मुस्कुराहट के मोती 84

अध्याय-3

संघर्षों व असफलताओं से जंग 86

बाज की तरह बनो 89

क्यों डरें ? 94

अध्याय-4

पथ के काँटे 103

नशा : मीठा जहर 105

आलस्य व निद्रा: सफलता के शत्रु 107

गलत संगत : विनाश की राह 109

मोबाइल/सोशल मीडिया का दुरुपयोगः एक बड़ी भूल 111

अश्लील साहित्यः एक रोग 112

क्या कहेंगे लोगः वरदान या अभिशाप 113

अध्याय-5

कुल्हाड़ी की धार तेज करो 116

शारीरिक स्वास्थ्य:- 118

मानसिक स्वास्थ्य:- 120

आध्यात्मिक जीवनशैली- 122

सामाजिक आयाम/मजबूत सामाजिक रिश्ते-.. 125

अध्याय-6

कुछ बातें अनुभव भरी 127

बड़ों से तजुर्बा /बड़ों का आदर/आशीर्वाद 128

प्रेरणादायी साहित्य 130

प्रेरणादायी पुस्तकें- 137

प्रेरणादायी व्यक्तित्व व उनके प्रेरक प्रसंग- 139

प्रेरणादायी फिल्में 142

प्रेरणादायी संगीत.. 143

प्रेरणादायी कथन/ अनमोल वचन:- 150

अध्याय 7

अंतिम पड़ाव: छू लो आसमाँ 155

अध्याय-1
बुलंदियों की तरफ प्रथम क़दम

प्रायः अतीत आईना बनकर बीते समय की यादें ताजा कर देता है। मैं अत्यंत सौभाग्यशाली हूँ कि मैंने एक सुशील, सुशिक्षित, सहनशील व संस्कारी माँ की कोख से जन्म लिया, जिनकी शिक्षाओं और प्रेरणादायी व्यक्तित्व ने मुझे जीवन जीने की एक नई दिशा व नई सोच प्रदान की। मेरे आदर्श- मेरे पिता ने मुझे क़ामयाबी का एक मंत्र दिया- **'कठोर मेहनत करो, परिश्रम ऊँची उड़ान की जननी है।'** मगर ज़िंदगी में सफलता के रास्ते में बाधक भ्रांतियों, उलझनों, संघर्षों व असफलताओं का क्या ? वो इस दुनिया में कल भी थी, आज भी हैं और भविष्य में भी तब तक रहेंगी जब तक हम उनको तोड़ने की हिम्मत नहीं करेंगे। एक भ्रांति तो मेरे जन्म के समय ही शुरू हो गई-

"श्याम लाल के घर तो चौथी भी लड़की ही पैदा हुई है। इसका तो भाग्य ही खराब है। अब बेचारा क्या करेगा ?"

मगर मैं खुशनसीब थी कि मैंने एक ऐसे परिवार में आँखें खोली जहाँ बेटा-बेटी के बीच कभी किसी प्रकार का कोई भेदभाव नहीं रहा। प्रारंभिक शिक्षा गाँव के ही स्कूल से ग्रहण की व आगे की स्कूल-कॉलेज की शिक्षा पास के कस्बे-शहर अटेली-नारनौल से प्राप्त की। ग्रामीण पृष्ठभूमि होने की वजह से घर में पर्याप्त संसाधनों का अभाव था। गाँव में बिजली की पर्याप्त सुविधा नहीं थी इसलिए रात की पढ़ाई का वक्त ज़्यादातर मोमबत्ती या मिट्टी के तेल के लैम्प

की रोशनी में ही बीतता था। दिन के समय घर के आँगन में स्थित शीशम व पापड़ के पेड़ की छाँव में बैठकर पढ़ने का मजा ही कुछ और था।

अगर मैं अतीत में झाँककर देखती हूँ तो ख़ुद को बहुत ही उलझा हुआ पाती हूँ। एक तरफ अस्थमा अटैक वाली वो काली रातें, पेट के अल्सर की पीड़ा वाले वो भयावह दिन और उन सब के बीच ज़िंदगी को बचाने की जंग तो दूसरी तरफ बचपन से ही आँखों में प्रशासनिक अधिकारी बनने के सपने को पूरा करने की जिद। इन कठिन परिस्थितियों में भी अपने बुलंद हौसलों व ऊँची उड़ान भरने के ज़ुनून के कारण, तूफानों से आँख मिलाकर, सैलाबों पर वार करके आखिर में मैंने तैरकर दरिया को पार कर ही लिया।

आज, वर्तमान में हम सभी भाई-बहन अनेक भ्रांतियों व मिथ्याओं को तोड़ते हुए, संघर्षों को झेलते हुए अपनी लगन व मेहनत, बड़ों के आशीर्वाद, अपने जीवनसाथी के सहयोग और खुदा की रहमत से अपने-अपने क्षेत्र में क़ामयाब भी हैं और उस ईश्वर की रहनुमाई के कृतज्ञ भी।

मगर इस सारी जद्दोजहद के बीच एक बात जो ज़िंदगी के इन 40 वर्षों में बहुत ही करीब से महसूस की और अच्छे से समझ में भी आ गई, वह किसी के द्वारा कही गई निम्न पंक्तियों में समाहित है-

"मंजिलें बड़ी ज़िद्दी होती हैं

हासिल कहाँ नसीब से होती हैं ?

मगर वहाँ तूफान भी हार जाते हैं

जहाँ कश्तियाँ जिद पे होती हैं।"

(अ) **सफलता संबंधी भ्रांतियाँ-** जैसे जन्म से आज तक बुलंदियों के रास्ते में बाधक बहुत सी भ्रांतियों को मैंने देखा भी और सुना भी, उसी तरह हमारे बहुत से भाई-बहन (युवा वर्ग) कई बार अपने सपनों को पूरा तो करना चाहते हैं मगर वो अक्सर भ्रांतियों के दलदल में या तो स्वयं की ही नकारात्मक सोच से फँस जाते हैं या नकारात्मक सोच वाले लोगों के द्वारा भ्रमित कर दिए जाते हैं। इस अध्याय में हम उन सभी भ्रांतियों की व्याख्या करेंगे और समाधान भी निकालेंगे।

कुछ प्रमुख भ्रांतियाँ इस प्रकार हैं-

- यह करना असंभव है।
- मैं यह नहीं कर सकता\सकती।
- मेरे पास सुविधाओं की कमी है।
- चारों तरफ भ्रष्टाचार फैला है।
- मैं तो शादीशुदा हूँ व उम्रदराज हूँ।
- मेरे पास समय का अभाव है।

(ब) **भ्रांतियों का चश्मा उतार फेंको**:- अगर आप ज़िंदगी में बुलंदियों को छूना चाहते हैं, किसी भी क्षेत्र में सफलता प्राप्त करना चाहते हैं तो आपको अपनी मंज़िल पर दृढ़ व मजबूत कदमों के साथ आगे बढ़ना होगा। **सर्वप्रथम आपको भ्रांतियों का काला चश्मा उतार फेंकना होगा क्योंकि यह काला चश्मा आपको कभी भी मंज़िल तक पहुँचने नहीं देगा।** भ्रम की स्थिति, ऊहापोह की स्थिति में आप कभी भी अपने सपनों को पूरा नहीं कर सकते। शून्य से शिखर तक का रास्ता अगर आप पार करना चाहते हैं तो आपको भ्रांतियों के मकड़जाल को तोड़ना ही होगा। किंकर्त्तव्यविमुढ़

होकर क्या करें या क्या ना करें की स्थिति आपको कभी भी सफलता के उच्चतम पायदान पर पहुँचने नहीं देगी। आप जितना इन भ्रांतियों के दलदल में फँसते जाओगे आपकी जड़ें उतनी ही कमजोर व खोखली होती जाएँगी। अगर आपको इतिहास बदलना है तो याद रखो- **'सर्वोच्च पर स्थान सदैव रिक्त रहता है।'** आपको मिथ्या अवधारणाओं को तिलांजलि देकर पुरानी विचारधारा को त्यागकर, कोरोना महामारी के बाद के नए युग में नई सोच के साथ आगे बढ़ना होगा। क़िस्मत के छुपे खजाने को आप इन भ्रांतियों से बाहर आकर ही ढूँढ सकते हैं।

सत्यता की ओर:- ज़िंदगी में बुलंदियों को छूने के लिए आपको भ्रांतियों को अपने पैरों तले रौंदते हुए सत्यता की ओर बढ़ना होगा। हम प्रभु से प्रार्थना करते हैं-

"असतो मा सद्गमय।

तमसो मा ज्योतिर्गमय।।"

हे प्रभु ! आप हमें असत्य से सत्य की तरफ ले चलें। अंधकार से प्रकाश की तरफ ले चलें। हमारे अंदर जो अंधकार रूपी भ्रम है, उसको अपने प्रकाश के उजाले से दूर करें। प्रभु ! हम सत्य की खोज में सदैव आगे रहें।

1. **प्रथम भ्रांति:-** यह करना तो असंभव है
   सत्य कथन: असंभव कुछ भी तो नहीं।

2. **द्वितीय भ्रांति:-** मैं यह नहीं कर सकता
   सत्य कथन: आप वो सब कुछ कर सकते हैं जो आप सोचते हैं और वो सब कुछ सोच सकते हैं जो अभी तक नहीं सोचा।

3. **तृतीय भ्रांतिः-** मेरे पास सुविधाओं का अभाव है
   सत्य कथनः सफलता या बुलंदियाँ सुविधाओं की मोहताज नहीं।

4. **चतुर्थ भ्रांतिः-** चारों तरफ भ्रष्टाचार फैला है
   सत्य कथनः माना कि भ्रष्टाचार है मगर तू इतना भी कमजोर नहीं कि इन बेड़ियों को ना तोड़ सके।

5. **पंचम भ्रांतिः-** मैं तो विवाहित हूँ
   सत्य कथनः मैरीकॉम ने शादी के बाद ही बुलंदियों को छुआ है।

6. **षष्ठी भ्रांतिः-** मेरे पास समय का अभाव है
   सत्य कथनः हर एक सफल इंसान के पास भी वही 86400 सेकण्ड का समय होता है जो हमारे पास होता है।

नामुमकिन कुछ भी तो नहीं

''कौन कहता है आसमाँ में सुराख नहीं हो सकता।

एक पत्थर तो तबीयत से उछालो यारो।''

कुमार **'दुष्यंत'** जी की ये पंक्तियाँ इस बात की तरफ इशारा करती हैं कि असंभव कुछ भी नहीं है। मैं पेशे से लेखिका नहीं हूँ और मेरा भूगोल विषय तो साहित्य से हमें कोसों दूर रखता है, मगर मैंने सोचा कि सब कुछ संभव है और उसी मानसिकता के साथ मैंने यह पुस्तक लिख डाली। वास्तव में असंभव जैसा कोई शब्द इस ब्रह्माण्ड में है ही नहीं, यह केवल मानव मस्तिष्क की उपज है। अगर आप बार-बार यही सोचते हैं कि अमुक काम तो मेरे लिए असंभव है तो आपकी यही सोच बन जाती है और आप लाख कोशिशों के बावजूद उस काम को पूरा नहीं कर पाते। इस अध्याय में आगे मैंने ऐसे उदाहरण प्रस्तुत किए हैं, जिनको पढ़ने के बाद आप ख़ुद दाँतों तले उंगली दबाएँगे और कहेंगे ''अरे हाँ ! यह तो संभव है।''

सर वाल्टर स्कॉट के अनुसार,

''कायरों और शंकालुओं के लिए प्रत्येक कार्य असंभव है क्योंकि उन्हें ऐसा ही प्रतीत होता है।''

एक बार संभव ने असंभव से पूछा-

''तुम्हारा निवास स्थान कहाँ है ?''

असंभव ने जवाब दियाः- "निर्बल के स्वप्न में"

वास्तव में असंभव शब्द हमारी कमजोर मानसिकता का परिणाम है। अंग्रेजी का शब्द Impossible ख़ुद कहता है I am possible. दुनिया में अब तक जितने भी आविष्कार हुए हैं, जितनी भी विज्ञान ने दिन दूनी रात-चौगुनी उन्नति की है, जितने भी नित नए कीर्तिमान स्थापित हुए हैं, पहले वो सब असंभव लगते थे। कभी कोई काम असंभव लगे तो याद करें वो तमाम उपलब्धियाँ जो आपने कभी हासिल की थी, एक वक्त वो भी असंभव रही होंगी मगर आज वो आपकी जागीर हैं।

असंभव को संभव में बदलने वाले हीरोः-

इतिहास ऐसे अनगिनत नामों से भरा पड़ा है जिन्होंने असंभव से लगने वाले काम को संभव कर दिखाया और दुनिया आश्चर्यचकित हो गई कि ये कोई किंवदंती तो नहीं। नामुमकिन को मुमकिन में बदलने वाले कुछ हीरो के बारे में हम यहाँ पढ़ेंगे ताकि उनकी जीवनी से आपको आगे बढ़ने की प्रेरणा मिले।

विल्मा रूडोल्फः-

एक ऐसी लड़की जिसने असंभव को संभव में बदलकर मेडिकल साइंस को हैरत में डाल दिया। एक ऐसी लड़की जिसने डॉक्टर्स की भविष्यवाणी को झूठा साबित कर दिया। विल्मा रूडोल्फ का अपंगता से ओलम्पिक गोल्ड मैडल तक का सफर नामुमकिन को मुमकिन में बदलने की एक जबरदस्त कहानी है। यह कहानी आज से लगभग 80 वर्ष पुरानी है। 23 जून, 1940 को अमेरिका के टेनेसी प्रांत में एक गरीब अश्वेत परिवार में एक बच्ची का जन्म हुआ। यह बच्ची बचपन में बहुत बीमार रहती थी। जब वह चार वर्ष की हुई उस पर नियति का और कहर बरसा और उसका बायां पैर लकवा अर्थात् पोलियो का शिकार हो गया और वह विकलांग हो गई। विल्मा कैलिपर्स/ब्रेसेज के साथ

चलती थी। डॉक्टर्स के अथक प्रयास के बाद भी जब उसका पैर ठीक नहीं हुआ तो डॉक्टर्स ने हार मान ली।

डॉक्टर ने विल्मा की माँ से कहा- **"विल्मा अब ज़िंदगी भर अपने पैरों पर चल नहीं पाएगी और हमेशा ब्रेसेज/कैलिपर्स के सहारे रहेगी।"**

डॉक्टर की बात सुनने के बाद माँ-बेटी निराश जरूर थी मगर उन्होंने हिम्मत नहीं हारी थी। विल्मा की माँ एक सकारात्मक मनोवृति वाली महिला थी, उसने विल्मा से कहा-

"विल्मा इस दुनिया में कुछ भी असंभव नहीं है। तुम बिना ब्रसेज के भी चल सकती हो।"

विल्मा ने अपनी माँ से कहा- **"क्या मैं दुनिया की सबसे तेज धाविका बन सकती हूँ।"**

माँ ने कहा- **"अगर इंसान में दृढ़ विश्वास हो तो, वह असंभव को भी संभव में बदल सकता है।"**

अपनी माँ की सकारात्मक मनोवृति की वजह से वह बच्ची डॉक्टर्स के मना करने के बावजूद चलने का अभ्यास करने लगी। एक दिन सचमुच चमत्कार हो गया। जब वह 11 वर्ष की हुई तब अचानक ब्रेसेज उतारकर चलने लगी। जब यह बात उसके डॉक्टर को पता चली तो वह भागा-भागा उसके घर आया और उसे बिना कैलिपर्स के चलने को कहा। वह बिना ब्रेसेज के चलने लगी और जब दौड़ने का प्रयास करने लगी तो गिर पड़ी। डॉक्टर की आँखों में आँसू थे। वह भागा और दौड़कर विल्मा को गले से लगा लिया और कहा-

"विल्मा! तू चलेगी ही नहीं, अपितु तू दौड़ेगी, तू दौड़ेगी।"

धीरे-धीरे अभ्यास करते-करते उसने 13 वर्ष की आयु में एक दौड़ प्रतियोगिता में भाग लेने की सोची और अंतिम स्थान पर आई, लेकिन उसने हार नहीं मानी और लगातार दौड़ प्रतियोगिताओं में वह हिस्सा लेती रही।

रामधारी सिंह दिनकर जी के शब्दों में-

"नींद कहाँ उनकी आँखों में,

जो धुन के मतवाले हैं,

गति बढ़ती जाती उनकी,

जब पग में पड़ते छाले हैं।"

अंत में उसकी मेहनत रंग लाई और उसने नौवें प्रयास में दौड़ प्रतियोगिता जीती और 1960 के ओलम्पिक खेलों में अमेरिका की तरफ से उसका चयन एक धाविका के रूप में हुआ। 1960 के इटली ओलम्पिक में विल्मा का मुकाबला जट्टा हेन से था, जिसने अभी तक हार का स्वाद नहीं चखा था मगर विल्मा के हौसले बुलंद थे। उसने 100 मीटर की रेस में जट्टा को हराकर स्वर्ण पदक अपने नाम किया। दूसरी 200 मीटर की रेस में भी जट्टा को हार का सामना करना पड़ा और विल्मा ने पुनः गोल्ड़ मेडल झटका। अब तीसरी दौड़ 400 मीटर की रिले दौड़ थी और मुकाबला पुनः जट्टा से ही था। इस दौड़ में विल्मा के हाथ से बेटन छूटकर गिर गई, मगर उसके दृढ़ निश्चय ने उसे नाकाम नहीं होने दिया। वह पुनः बेटन के साथ तेजी से उठी, भागी और इस रिले रेस में भी स्वर्ण पदक अपनी झोली में डाल लिया।

विल्मा ने इतिहास रच दिया। ओलम्पिक में ट्रैक और फील्ड में तीन स्वर्ण पदक जीतने वाली पहली महिला बन गई। उसके सम्मान समारोह में प्रथम बार अमेरिका के इतिहास में श्वेतों व अश्वेतों ने एक साथ भोज किया।

वह दुनिया की सबसे तेज दौड़ने वाली महिला बन गई। विल्मा रूडोल्फ का शारीरिक अपंगता से गोल्ड मैडल तक का सफर बड़ा ही संघर्ष भरा व रोचक था। उसने न केवल स्वंय बुलंदियों को छुआ अपितु अपने परिवार व देश को भी बुलंदियों पर पहुँचा दिया।

अरूणिमा सिन्हा:-

नामुमकिन को मुमकिन में बदलने का दूसरा नाम है अरूणिमा सिन्हा। **अरूणिमा सिन्हा की कहानी आपको सोचने पर मजबूर कर देगी- ''क्या ऐसा हो सकता है?''**

20 जुलाई 1988 को उत्तरप्रदेश के अम्बेडकर नगर में कायस्थ परिवार में अरूणिमा का जन्म हुआ। 11 अप्रैल 2011 को पद्मावती एक्सप्रेस में अपराधियों ने अरुणिमा की गोल्ड चेन को झपटने का प्रयास किया और असफल होने पर बरेली के पास चलती ट्रेन से बाहर फेंक दिया। दुर्भाग्य से दूसरी तरफ से भी ट्रेन आ रही थी। जिसकी वजह से उसका बायाँ पैर पटरियों के बीच में आ जाने से कट गया। पूरी रात वह कटे हुए पैर के साथ वहाँ पटरियों के पास पड़ी चीखती-चिल्लाती रही। लगभग 40-50 ट्रैनें गुजरने के बाद अरूणिमा अपनी ज़िंदगी की आस पूरी तरह से खो चुकी थी। उसका लगभग सारा खून बह चुका था। चूहों ने उसके पैरों को कुतरना शुरू कर दिया था। सुबह किसी ने उसे देखा और लोकल पी.एच.सी. में भर्ती करवाया। वहाँ डॉक्टर्स ने उसका इलाज करने से मना कर दिया कि उसका पैर काटना पड़ेगा और उनके पास एनेस्थीसिया का प्रबंध नहीं है। अरूणिमा ने हिम्मत करके

कहा, **"सर, मैं पूरी रात दर्द से तड़पी हूँ, यह दर्द तो कुछ भी नहीं। आप बिना एनेस्थीसिया के मेरा पैर काट दीजिए।"**

उसकी हिम्मत देखकर दोनों डॉक्टर्स ने ख़ुद अपना खून अरूणिमा को दिया और बिना एनेस्थीसिया के ही पैर काट दिया। जब उनको पता लगा कि यह तो राष्ट्रीय स्तर की वॉलीबॉल खिलाड़ी है तो उसको नई दिल्ली, एम्स में भर्ती करवाया गया। वहाँ वह खिलाड़ी चार महीने तक ज़िंदगी व मौत से जूझती रही। उसकी रीढ़ की हड्डी में फ्रैक्चर थे। उसका एक पैर कृत्रिम लगा दिया गया था और दूसरे पैर में रोड डाली गई थी। परिवार वालों व दोस्तों की नजर में वह विकलांग व कमजारे बन चुकी थी। सब यही सोच रहे थे कि पता नहीं अब अरूणिमा की ज़िंदगी कैसे चलेगी। अखबार में खबर छपी कि अरूणिमा ने आत्महत्या करने का प्रयास किया।

लोग तरह-तरह की बातें बना रहे थे, मगर अरूणिमा इन सबसे टूटी नहीं, उसने हार नहीं मानी और अपना आत्मविश्वास टूटने नहीं दिया। ऐसी परिस्थितियों में जब लोग सोचते हैं कि अब आगे तू कैसे ज़िंदगी बसर करेगा, अरूणिमा ने माउंट एवरेस्ट को ही फतह करने की सोच डाली। उसने यह बात अपने परिवार वालों को बताई तो सब आश्चर्यचकित हुए और बोले- **"अरूणिमा तू पागल हो गई है क्या ? तेरा एक पैर कृत्रिम लग चुका है, दूसरे में रोड डल चुकी है, तेरे स्पाइनल में फ्रैक्चर है यह भी नहीं पता कि तू चल पाएगी या नहीं और तू माउंट एवरेस्ट फतह करने की सोच रही है।"**

अरूणिमा ने कहा- **"हाँ, मैं करूँगी।"**

चार महीने बाद एम्स से छुट्टी मिलने के बाद सीधे बछेन्द्री पाल जी (मांउट एवरेस्ट फतह करने वाली प्रथम भारतीय महिला हैं) के पास पहुँची और जब उसने उनको अपनी कहानी बताई तो बछेन्द्री पाल भी आश्चर्यचकित थी।

बछेन्द्री पाल ने कहा- **"अरूणिमा यह नामुमकिन है। तू वापिस लौट जा, साइंस कहती है कि मांउट एवरेस्ट पर चढ़ने के लिए दोनों पैरों का होना जरूरी है मगर तेरा एक पैर तो कृत्रिम है, तुम यह नहीं कर सकती।"**

अरूणिमा ने कहा- **"मैम प्लीज आप मुझे ट्रेंनिग दीजिए, मैं यह कर सकती हूँ।"**

काफी समझाने के बाद भी जब अरूणिमा नहीं मानी तब बछेन्द्री पाल ने कहा- **"अरूणिमा तूने एवरेस्ट फतह कर लिया है, केवल जीत की तारीख लिखना बाकी है।"**

अरूणिमा को उत्तरकाशी के **'टाटा स्टील एडवेंचर फाउंडेशन'** में प्रारंभिक ट्रेनिंग के लिए भेजा गया। प्रांरभ में उसे बहुत ही कठिनाइयों का सामना करना पड़ा। रोड़ हेड से बेस कैंप तक पहुँचने में जहाँ अन्य पर्वतारोहियों को 2 मिनट लगते थे, अरूणिमा को तीन घंटे लगते थे क्योंकि घाव नए थे, पैर से खून बहता था, परंतु उसने हिम्मत नहीं हारी। उसने सोचा, एक दिन ऐसा आएगा जब मैं इनसे पहले बेस कैम्प में पहुँचूँगी और 8 महीने की प्रैक्टिस के बाद अरूणिमा बेस कैंप में पूरे वजन के साथ सबसे पहले पहुँच चुकी थी। सभी आश्चर्यचकित थे।

अरूणिमा कहती है- **"वो पूछते, मैडम खाते क्या हो, बता दो, पैर नहीं है फिर भी चलती कैसे हो ?"**

लगभग दो साल की ट्रेनिंग के बाद और स्पॉन्सरशिप मिलने के बाद अब अरूणिमा एवरेस्ट की चढ़ाई के लिए तैयार थी मगर जब शेरपा को पता लगा कि इसका एक पैर आर्टिफिशियल है तो उसने मना कर दिया और कहा, "नहीं, मैं इसके साथ नहीं जा सकता, यह तो मेरी भी जान खतरे में डाल देगी।" परंतु अंत में वह मान गया और अरूणिमा ने चढ़ाई शुरू की। साउथपोल पर

जब वह पहुँची तो उसने रास्ते में अनेक पर्वतारोहियों के मृत शरीर देखें। इन भयावह परिस्थितियों में भी वह उनको लाँघ कर आगे बढ़ी। हिलेरी स्टिप, साउथ समिट के पास जब अरूणिमा पहुँची तो शेरपा ने एक झटका दिया और चिल्लाया, **"अरूणिमा वापिस चलो, तुम्हारा ऑक्सीजन खत्म हो रहा है।"**

हिलेरी स्टिप के बाद साउथ समिट है। अरूणिमा ने कहा- **"क्या कह रहे हो? लक्ष्य के इतनी पास पहुँचकर मैं कैसे वापिस जा सकती हूँ ?"**

शेरपा ने कहा- **"मैम ज़िंदगी बची तो दोबारा आना।"**

मगर अरूणिमा को पता था कि **"ज़िंदगी में गोल्डन चांस एक बार ही मिलता है, बार-बार नहीं।"**

वह आगे बढ़ती चली गई और लगभग 1 से 1.5 घंटे बाद वह माउंट एवरेस्ट के शिखर पर थी। अरूणिमा ने दुनिया को दिखा दिया था कि अगर आप में लक्ष्य के प्रति सच्ची लगन व जज़्बा है, आप में दृढ़ आत्मविश्वास है तो आप असंभव को भी संभव में बदलने की क्षमता रखते हैं। वह लड़की जो लगभग 2 साल पहले ज़िंदगी व मौत से जूझ रही थी, आज 21 मई, 2013 को अपने ज़ुनून व हौसले के बल पर माउंट एवरेस्ट की चोटी पर थी।

अरूणिमा ने किसी के द्वारा कही गई इन पंक्तियों को सिद्ध कर दिया था-

> **"जब आँखों में अरमान लिया**
>
> **मंज़िल को अपना मान लिया**
>
> **है मुश्किल क्या, आसान है क्या ?**
>
> **जब ठान लिया तो ठान लिया।"**

रोजर बैनिस्टर- (1929-2018)

23 मार्च, 1929 को हैरो बरो, यूनाइटेड किंगडम में जन्मे बैनिस्टर ने अपने बुलंद हौसलों व दृढ़ आत्मविश्वास के बल पर असंभव को संभव में बदल दिया। पहले यह माना जाता था कि ओलम्पिक में दौड़ प्रतिस्पर्धा में एक मील की दूरी को 4 मिनट से कम समय में पूरी कर पाना असंभव है। कई सालों तक यही मिथक बना रहा कि इस रिकार्ड को तोड़ पाना असंभव है मगर 6 मई 1954 को इस नामुमकिन को मुमकिन में बदल दिया गया और उसको बदलने वाला शख्स था- **रोजर बैनिस्टर**

लंदन के एक ट्रैक एंड फील्ड मुकाबले में रोजर मील भर दौड़े और उन्होंने वह एक मील की दूरी 3 मिनट 59 सेकण्ड में पूरी कर ली और रिकॉर्ड तोड़ा। वास्तव में ये हमारे मानसिक अवरोध होते हैं जो असंभव को संभव में बदलने से रोकते हैं। अगर कोई एक उस काम को कर देता है तो दूसरों को भी वह संभव लगने लग जाता है। पहले एक दिवसीय क्रिकेट में दोहरा शतक बनाना असंभव माना जाता था। सर्वप्रथम जब 2010 में सचिन तेंदुलकर ने यह शतक बनाया तो लोगों को विश्वास हो गया कि हाँ यह भी संभव है और उसके बाद सहवाग, रोहित शर्मा ने भी दोहरे शतक लगाए और अब क्रिकेट मैच में दोहरा शतक लगाना असंभव नहीं माना जाता। दुनिया में इसी तरह के हजारों उदाहरण हैं जो साबित करते हैं, **"असंभव कुछ भी नहीं।"**

नेपोलियन बोनापार्ट के शब्दों में,

"असंभव शब्द मूर्खों के शब्दकोश में होता है।"

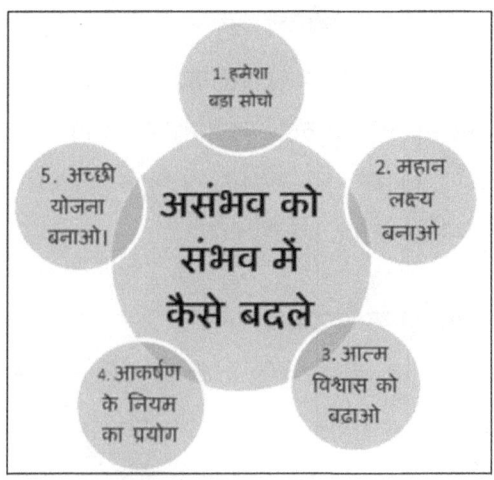

1. **हमेशा बड़ा सोचो:-**

   अगर आप असंभव को संभव मे बदलना चाहते हैं तो आपको बड़ा सोचना पड़ेगा। आप केवल यही नहीं सोचे की आपको अपने लिए ऊँची उड़ान भरनी है अपितु मानवता, समाज सेवा, देश सेवा के लिए कुछ कर गुजरने का जज़्बा आपके मन में होना चाहिए। ऐसा करने से आपकी कार्य कुशलता ख़ुद ही बढ़ जाएगी व असंभव चीजें भी आपको संभव लगने लगेगी।

2. **महान लक्ष्य बनाओ:-**

   आपका लक्ष्य महान होना चाहिए। अगर लक्ष्य ही छोटा है तो आपके अंदर की सम्पूर्ण शक्ति जागृत ही नहीं हो सकती लेकिन अगर लक्ष्य महान है तो आपका दृढ़ निश्चय, पुरुषार्थ, जज़्बा व ज़ुनून भी महान होगा और स्वतः ही चीजें संभव होने लगेंगी।

3. **आत्म विश्वास को बढ़ाओ: -**

   अगर आप में आत्मविश्वास नहीं है तो आपको छोटे से छोटा काम भी असंभव लगने लगेगा। आप जीती हुई बाजी भी हार जाएँगे, लेकिन आत्मविश्वास कूट-कूट कर भरा है तो आपको कुछ भी असंभव नहीं लगेगा।

4. **आकर्षण के नियम का प्रयोग-**

   'रहस्य' पुस्तक की लेखिका **रॉन्डा बर्न** कहती हैं कि आकर्षण के नियम का प्रयोग आपको असंभव से संभव की तरफ ले जाता है इसलिए हमेशा अच्छी व महान बातों के बारे में ही सोचें।

किसी ने क्या खूब कहा है-

> "इस मुकम्मल जहाँ में कुछ
>
> भी असंभव नहीं होता
>
> और कुछ भी असंभव हो
>
> उस खुदा के दरबार में
>
> ऐसा कुछ संभव नहीं होता।"

सफलता सुविधाओं की मोहताज नहीं

कॉलेज में अध्यापन कार्य करते हुए मैंने अक्सर महसूस किया कि बहुत से युवाओं में कुछ करने से पहले ही यह भावना होती है कि उनके पास सुविधाओं का अभाव है। उनकी आर्थिक स्थिति इतनी अच्छी नहीं है कि वो बुलंदियों को छू सके। उनके पास संसाधनों का अभाव है। ना वो अच्छी पुस्तकें खरीद सकते हैं और ना ही कोचिंग संस्थाओं में जा सकते हैं लेकिन यह केवल एक भ्रम है। सफलता सुविधाओं की मोहताज नहीं है। आप यहाँ दुनिया में अमीर बनने के लिए पैदा हुए हैं।

'ओम शांति ओम' फिल्म का एक डायलॉग है- **"अगर आप किसी चीज को शिद्दत से चाहते हैं तो पूरी कायनात आपकी सहायता के लिए आ जाती है।"**

कायनात/प्रकृति आपकी मेहनत, ज़ुनून ज़ज्बे को देखती है। कभी भी आपकी अमीरी या गरीबी को नहीं देखती। दुनिया में हजारों-लाखों ऐसे उदाहरण हैं जो साबित करते हैं कि **"बुलंदियों पर किसी वर्ग-विशेष का ही अधिकार नहीं है अपितु हर वो इंसान जो बुलंदियों को छूने की काबिलियत रखता है, बुलंदियों को छू सकता है।"** आपकी दृढ़ इच्छा शक्ति व मेहनत, आपका करियर बुलंदियों पर पहुँचा सकती है।

"बुलंदियों पर अमीर-गरीब सभी का जन्मसिद्ध अधिकार है।"

इस अध्याय में आप ऐसी शख्सियतों से रूबरू होंगे जिनकी ज़िंदगी में गरीबी है, भूख है, सुविधाओं का अभाव है, मगर साथ में कुछ कर गुजरने का जज़्बा, ज़ुनून है जो उन्हें बिखरने नहीं देता। यह आप पर निर्भर करता है कि आप कितने ज़ुनून से उसे पाना चाहते हैं। चाहे अब्राहम लिंकन हो या डॉ. अब्दुल कलाम हो, इन्होंने इस कहावत को सिद्ध कर दिखाया कि सफलता सुविधाओं की मोहताज नहीं होती।

बचपन में चूड़ियाँ बेचकर बने आई.ए.एस : रमेश घोलप

आई.ए.एस. परीक्षा, 2012 में 287 वां रैंक हासिल कर सिद्ध कर दिया कि सफलता सुविधाओं की मोहताज नहीं। ये उन युवाओं के लिए प्रेरणा के स्रोत बन गए हैं जो सिविल सर्विसेज की तैयारी कर रहे हैं।

रमेश घोलप जी के शब्दो में, **"अपने संघर्ष के लंबे दौर में मैंने वह दिन भी देखे हैं जब घर में अन्न का एक दाना भी नहीं होता था। फिर पढ़ाने की खातिर रुपए खर्च करना उनके लिए बहुत बड़ी बात थी। एक बार माँ को सामूहिक ऋण योजना के तहत गाय खरीदने के नाम पर 18 हजार रुपए मिले, जिनको मैंने पढ़ाई करने के लिए इस्तेमाल किया और गाँव छोड़कर इस इरादे के साथ बाहर निकला कि अब कुछ बनकर ही गाँव वापिस लौटूँगा। शुरुआत में मैंने तहसीलदार की पढ़ाई करने का फैसला किया और तहसीलदार की परीक्षा पास करके तहसीलदार बना लेकिन कुछ वक्त बाद मैंने आई.ए.एस. बनने को अपना लक्ष्य बनाया।"**

वर्तमान में रमेश घोलप झारखंड मंत्रालय के ऊर्जा विभाग में संयुक्त सचिव हैं और उनकी संघर्ष की कहानी लाखों लोगों के जीवन में प्रेरणा पुंज की भाँति ऊर्जा भर रही है। महाराष्ट्र के, सोलापुर जिले के, वारजी तहसील के महागाँव में रमेश घोलप का जन्म हुआ। उनके पिता साइकिल मरम्मत की दुकान

चलाते थे और शराब के आदी थे। जिसकी वजह से परिवार की तरफ कभी ध्यान नहीं देते थे। माँ, चूड़ियाँ बेचकर बच्चों की भूख का समाधान करने की कोशिश करती थी। प्रतिदिन सुबह वह नन्ही सी जान, गाँव की गलियों व चौराहों पर माँ के साथ नंगे पाँव काँच की चूड़ियाँ बेचने निकलती थी। माँ गलियों में जब-जब आवाज लगाती- **'चूड़ी ले लो ... चूड़ी... तो पीछे से वह लड़का तोतली आवाज में दोहराता ''तूली लो.. तूली...।"**

वे चूड़ियाँ रंग-बिरंगी बेचते थे पर ज़िंदगी में रंग बिल्कुल भी नहीं थे। दो वक्त की रोटी की खातिर उनके संघर्ष की कहानी हर दिन, हर वक्त एक नई जंग साबित होती थी। चूड़ियाँ बेचने से जो पैसे जमा होते थे, वो भी पिता शराब में उड़ा देता था। बचपन के इसी दौर में रमेश पोलियो ग्रस्त हो गये थे। रमेश के पास रहने के लिए न घर था और न पढ़ने के लिए पैसे थे। इनका बचपन इनकी मौसी को मिले सरकारी योजना के तहत इंदिरा आवास में बीता, मगर रमेश ने अपनी शारीरिक विकलांगता और पारिवारिक जिम्मेदारियों के बोझ को अपने ऊपर हावी नहीं होने दिया। गाँव के विद्यालय से प्राइमरी शिक्षा ग्रहण करने के बाद उच्च शिक्षा के लिए वे अपने चाचा के साथ गाँव बरसी रहने लगे।

2005 में रमेश जब 12 वीं की पढ़ाई कर रहे थे, तभी उनके पिता का देहांत हो गया- रमेश जी के पास बरसी से महगाओ तक जाने के लिए बस का भी किराया नहीं था। बरसी से महगाओ तक का किराया 7 रुपए था। तब पड़ोसियों ने किराया देकर रमेश को उनके गाँव तक पहुँचाया। परिस्थितियों ने रमेश को काफी मजबूत बना दिया था और यह बात वो अच्छी तरह समझ गए थे कि पढ़ाई के अलावा इस गरीबी के जंजाल से निकलने का अन्य कोई विकल्प उनके पास नहीं है। 12वीं कक्षा में उन्होंने 88.50% (साइंस स्ट्रीम) अंक प्राप्त किए। घर के हालात बहुत नाजुक थे, इसलिए उन्होने पहले डी.एड. (डिप्लोमा इन एजुकेशन) की पढ़ाई की और 2009 में शिक्षक की नौकरी की।

इसी समय इन्होंने मुक्त विश्वविद्यालय से कला संकाय में स्नातक की डिग्री भी हासिल की मगर वो इतने पर ही संतुष्ट नहीं हुए। बाधाओं ने उन्हें लड़ना सीखा दिया था। अंत में उन्होंने गाँव छोड़ने का निर्णय लिया और फैसला किया कि वो अब गाँव आई.ए.एस. बनकार ही वापिस लौटेंगे।

यही हुआ रमेश ने अपने दम पर इस सपने को पूरा किया। सही मायने में उन्होंने अपने जीवन की दिशा ख़ुद तय की है और ख़ुद अपना वर्तमान रचा है।

IAS परीक्षा, 2012 में 287वाँ रैंक हासिल कर उन्होंने सिद्ध कर दिया कि सफलता सुविधाओं की मोहताज नहीं है।

अंसार अहमद शेख: गरीबी को मात दे बने देश के सबसे युवा आई.ए.एस. ऑफिसर

अगर यह कहा जाए कि देश के सबसे युवा आई.ए.एस. अंसार अहमद **शेख** युवा शक्ति की आज मिसाल है, तो यह कोई अतिश्योक्ति नहीं होगी। ना केवल युवा शक्ति की मिसाल है, अपितु उन हजारों-लाखों युवाओं के लिए प्रेरणा स्रोत है जो ज़िंदगी में सपने तो बहुत बड़े देखते हैं मगर यह सोचकर रुक जाते हैं कि उनकी आर्थिक स्थिति खराब है या उनके पास संसाधनों की कमी है। इनकी कहानी पढ़ने में आपको किसी फिल्मी स्क्रिप्ट से कम नहीं लगेगी मगर है बिलकुल सच्ची।

अहमद शेख उन लोगों में से है जो किन्हीं भी परिस्थितियों को अपने सपनों के बीच नहीं आने देते। अंसार शेख का जन्म महाराष्ट्र के मराठवाड़ा क्षेत्र के जालना के शेलगाँव के एक ऑटो-रिक्शा चालक युनूस शेख अहमद के घर हुआ। युनूस शेख के तीन बीवियाँ हैं और अन्सार के अलावा और बहुत से बच्चे हैं। गरीबी की वजह से युनूस ने कभी भी किसी बच्चे की शिक्षा की तरफ

ध्यान नहीं दिया, मगर कहते हैं ना जिसको कोई मुकाम हासिल करना होता है, वह अपना रास्ता ख़ुद ही निकाल लेते हैं। वही किया अंसार शेख ने।

अंसार कहते हैं, **"मेरे परिवार में शिक्षा का उतना ज़्यादा महत्व नहीं रहा। मेरे पिता एक रिक्शा चालक हैं और उनकी तीन पत्नियाँ हैं। मेरी माँ, दूसरी पत्नी है। मेरे छोटे भाई को स्कूल से बाहर निकाल दिया गया और मेरी दो बहनों की शादी छोटी उम्र में हुई थी। जब मैंने घर में सभी को बताया कि मैंने यू.पी.एस.सी. परीक्षा पास की है तो सभी चौंक गए।"**

अंसार बचपन से ही होनहार छात्र थे मगर वह एक ऐसे इलाके से संबंध रखते है जो सूखाग्रस्त क्षेत्र है तथा जहाँ अनाज की बहुत किल्लत थी। बी.पी.एल. परिवार होने की वजह से इनके पिता की रिक्शा की कमाई से बच्चों का भरण-पोषण नहीं हो पा रहा था तो माँ ने खेतों में मजदूरी करनी शुरू कर दी थी। जब अंसार चौथी कक्षा में थे उनके पिता को किसी ने सलाह दी- **"बच्चे की पढ़ाई छुड़वाकर काम पर लगा दो, कुछ पैसे तो घर में आएँगे।"** अंसार के पिता इस बात को सुनकर अंसार की पढ़ाई छुड़वाने स्कूल पहुँच गए मगर उनके शिक्षक ने युनूस शेख को समझाया कि बच्चा पढ़ने में होशियार है अतः उसे पढ़ने दे। जब अंसार दसवीं कक्षा में आए तो गर्मी की छुट्टियों में उनका कम्प्यूटर सीखने का मन हुआ। जिस कम्प्यूटर क्लास को वो ज्वॉइन करना चाहते थे उसकी फीस 2800 रुपए थी। अंसार ने पास के ही होटल में 3000 रुपए की पगार पर काम करना शुरू कर दिया। उन्होंने होटल में पानी भरने, टेबल साफ करने और फर्श साफ करने का काम किया। वो सुबह के आठ बजे से रात के ग्यारह बजे तक काम करते थे। बीच में सिर्फ दो घंटे आराम के मिलते उसी में अंसार खाना खाते व कम्प्यूटर सेंटर जाते। उनके लिए सपनों को पूरा कर पाना इतना आसान नहीं था। दसवीं, बारहवीं व कॉलेज के शुरुआती दिनों में तो अपनी फीस भरने के लिए उन्होंने काम किया मगर आखिरी दो साल

उन्होंने पूरा पढ़ाई पर फोकस किया। निजी कोचिंग सेंटर में फीस ज़्यादा होने की वजह से कभी-कभी अंसार को बिना खाना खाए रहना पड़ता था।

''उनके हालात उनको 'डू और डाई' वाली स्थिति में ले आए थे, जहाँ हारने का विकल्प उनके पास था ही नहीं। उनके पास पाने के लिए सब कुछ था मगर खोने के लिए कुछ भी **नहीं।''**

अपनी हिम्मत, मेहनत व ज़ज्बे की वजह से अंसार ने 2015 की यू.पी.एस.सी. परीक्षा में प्रथम प्रयास में ही 387वां रैंक हासिल किया व बन गए देश के सबसे युवा ऑफिसर, **उम्र मात्र- 21 साल**।

जब परीक्षा परिणाम घोषित हुआ तो उसके पास अपने दोस्तों को पार्टी देने के पैसे तक नहीं थे, उल्टा दोस्तों ने उन्हे बाहर रेस्टोरेंट में खाना खिलाया। जब रिपोर्टर उनके घर गया तो गरीबी ऐसी कि उनके घर पर बल्ब भी नहीं था।

अगर ऐसे सूखाग्रस्त क्षेत्र का, अभावग्रस्त माहौल का बच्चा इतनी छोटी सी उम्र में आई.ए.एस. बन सकता है तो शायद किसी को भी बहानों की ओट में नहीं छिपना चाहिए। सच तो यह है कि अगर आप ज़िंदगी में कुछ करना चाहते हैं और ठान लेते हैं तो आप अपनी मंज़िल को जरूर प्राप्त करते हैं। अन्यथा बहाने बनाने में तो ज़िंदगी निकल जाती है। यह कहानी उस शख्स की कहानी है जहाँ गरीबी है, भूख है, हर तरह का अभाव है मगर उस शख्स ने बाधाओं को अपनी बैसाखी नहीं बनने दिया। उसने अपने ज़ज्बे व ज़ुनून से सभी बाधाओं को मात दी और अपने साहस को बिखरने नहीं दिया। अंत में कठिन से कठिन परिस्थितियों में भी उनके साहस व मेहनत के कारण उनकी जीत हुई।

अगर इन कहानियों को पढ़ने के बाद भी आप अभावों का रोना रोते रहे तो समय हाथ से निकल जाएगा और पश्चाताप के अलावा, बहानों के अलावा

आपको ज़िंदगी में कुछ नहीं मिल पाएगा और आप गरीब के गरीब ही रह जाओगे। अतः गरीबी के जंजाल को अपने ज़ुनून, ज़ज्बे व मेहनत से तोड़ो, अपनी क़िस्मत ख़ुद लिखो, बुलंदियाँ आपका इंतजार कर रही हैं। अब शायद आप कभी नहीं कहेंगे कि संसाधनों का अभाव है क्योंकि भूगोल में 'जिम्मरमैन' महोदय ने एक सिद्धांत दिया है जो कहता है- **"संसाधन होते नहीं, मानव के सहयोग से बनाए जाते हैं।"**

ख़ुद पर यकीन

"आप वो हर एक काम कर सकते हैं

जो आप सोचते हैं,

आप वो सब कुछ सोच सकते हैं,

जो आज तक आपने नहीं सोचा है।"

हाँ दोस्तो, यह सत्य है कि आप सब कुछ कर सकते हैं। बस जरूरत है तो सिर्फ अपने आत्मविश्वास को जगाने की। आपके मन में अपने रगं-रूप संबंधी व योग्यता संबंधी कोई हीन भावना नहीं होनी चाहिए। 'ख़ुद पर यकीन' की ताकत आपको फर्श से अर्श तक पहुँचा देती है। आत्मविश्वास के अभाव में इंसान को अपनी असली ताकत का अंदाजा ही नहीं होता।

विलियम जेम्स के अनुसार "औसत आदमी अपनी निहित मानसिक योग्यताओं का केवल 10 प्रतिशत ही विकसित कर पाता है। हमें जो होना चाहिए उसकी तुलना में हम आधे ही जागृत है। हम अपने शारीरिक व मानसिक संसाधनों का केवल कुछ हिस्सा ही इस्तेमाल करते हैं। मौटे तौर पर कहा जाए तो इंसान अपनी संभावनाओं का बहुत कम दोहन कर पाते हैं। उनके पास ऐसी बहुत सी शक्तियाँ होती हैं जिनका उपयोग करने में वो आदतन असफल रहते हैं।"

अपने अंदर की ताकत को पहचानों, अपना आत्मविश्वास बढ़ाओ।

किसी ने क्या खूब कहा है-

"अभी तो इस बाज की असली उड़ान बाकी है,

अभी तो इस परिन्दे का इम्तिहान बाकी है

अभी-अभी तो लाँघा है मैंने समुंद्र

अभी तो पूरा आसमान बाकी है।"

आत्मविश्वास व सफलता का संबंध:-

आत्मविश्वास व सफलता का गहरा संबंध है। क्या जीवन में आपकी सफलता का ग्राफ- गिर रहा है ? आप बार-बार असफल हो रहे हैं ? परीक्षा में आपको सफलता नहीं मिल रही है ? व्यापारी हैं तो व्यापार ठप्प हो गया है ? पैसा डूब गया है ? इन सबके बावजूद हताश होने की कोई जरूरत नहीं है, घबराने की आवश्यकता नहीं है। आपके अंदर ताकत है, अगर उसको जगा दो तो सफलता सातवें आसमान पर होगी। आवश्यकता है तो सिर्फ व सिर्फ आत्मविश्वास को जगाने की और अपने छुपे हुए आत्मविश्वास को बाहर निकालने की। आप प्रतिदिन यह बोले-" **I Can do and I will do it."** यह आपकी सफलता का मंत्र है। आत्मविश्वास व सफलता में गजब का संबंध है, अगर आत्मविश्वास बढ़ता है तो सफलता का ग्राफ बढ़ता है और आपकी सफलता का ग्राफ बढ़ता है तो आपका आत्मविश्वास और भी ज़्यादा बढ़ता है।

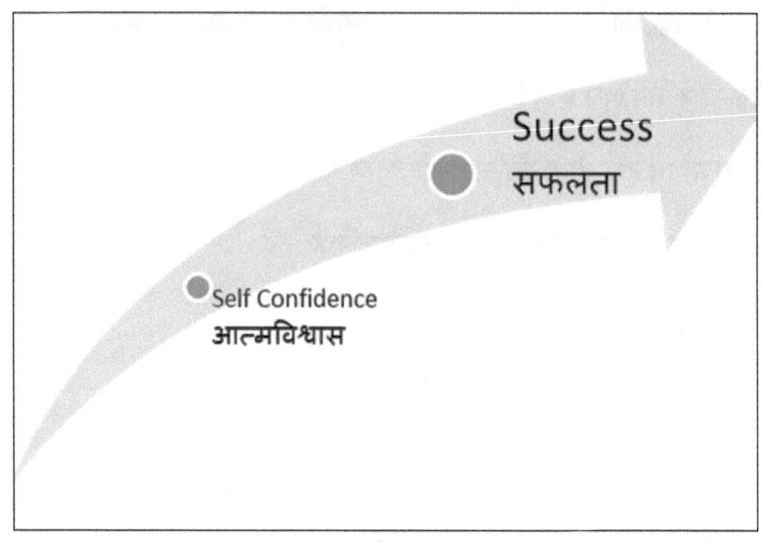

आँधी-तूफान में भी एक पक्षी पेड़ पर सिर्फ इसलिए बैठा है क्योंकि उसको टहनी से भी ज़्यादा ख़ुद के पंखों पर विश्वास है कि अगर तूफान की वजह से यह टहनी टूटी तो वह अपने पंखों से उड़ान भर लेगा। एक नन्हीं चींटी अपने वजन से भी 6 गुणा ज़्यादा वजन को केवल अपने आत्मविश्वास के बल पर लेकर चलती है।

आत्मविश्वास के बल पर बुलंदियों को छूने वाले हीरो:-

यहाँ इस अध्याय में हम उन हस्तियों के बारे में अध्ययन करेंगे जिन्होंने अनेक बाधाओं व विपरित परिस्थितियों के बावजूद अपने आत्मविश्वास के बल पर जादू कर दिया। न केवल ख़ुद बुलंदियों को छुआ अपितु वो दुनिया के हजारों-करोड़ों युवाओं के लिए एक मिसाल बन गए।

निक व्युजेसिकः-

आत्मविश्वास का दूसरा नाम है निक व्युजेसिक। 4 दिसंबर 1952 को आस्ट्रेलिया में जन्मे निक को जन्म से ही टेट्रा अमेलिया सिंड्रोम बीमारी है, एक ऐसी बीमारी जिसमें हाथ-पैर शरीर में नहीं होते हैं। सोचिए अगर किसी इंसान के दोनों हाथ और दोनों पैर कट जाएँ तो क्या वह आदमी जीवन को जी पाएगा ? इस असंभव सी लगने वाली ज़िंदगी के ज़ज्बे को अपने बुलंद हौसलों, दृढ़ इच्छा-शक्ति व प्रभु में असीम विश्वास से आज साबित कर दिखाया है- निक व्युजेसिक ने। **यह वह इंसान है जिसके दोनों हाथ नहीं हैं, मगर अपनी क़िस्मत उन्होनें ख़ुद लिखी- दोनों पैर नहीं हैं मगर सफलता की दौड़ में काफी आगे निकल गए हैं।**

वो कहते हैं **"अगर आपके साथ चमत्कार नहीं हो सकता तो ख़ुद एक चमत्कार बन जाइए।"**

निक आज दुनिया के एक महान मोटिवेशनल स्पीकर व लेखक हैं व युवाओं के आदर्श हैं। खाली समय में वे पेंटिग, स्वीमिंग, स्काईडाइविंग करते हैं। लोगों को मोटिवेट करने के लिए उन्होंने एक नॉन प्रोफिट संगठन **'लाइफ विदाउट लिम्बस'** की स्थापना की जिससे वे लोगों को अपनी कहानी से मोटिवेट करते थे।

दशरथ माँझीः- (1929 से 2007)

आत्मविश्वास की जीती जागती मिसाल है- दशरथ माँझी, जिन्होंने असंभव से लगने वाले काम को अपने बुलंद हौसले व दृढ़ आत्मविश्वास के बल पर संभव कर डाला। दशरथ बिहार के गया जिले में गहलौर गाँव के गरीब आदिवासी मजदूर थे। वे जिस गाँव में रहते थे वहाँ से गाँव के कस्बे में जाने के लिए एक पूरा पहाड़ पार करना पड़ता था। वर्ष 1960 की बात है। दशरथ माँझी की पत्नी

फागुनी देवी गर्भावस्था में पशुओं के लिए पहाड़ से घास काट रही थी कि अचानक उनका पैर फिसल गया और वह पहाड़ के दर्रे में गिर गई और बाजार दूर होने की वजह से समय पर दवाइयाँ न मिलने के कारण उनका देहान्त हो गया। यह बात उनके मन में घर कर गई और उन्होंने मन ही मन अकेले दम पर पहाड़ के बीचों-बीच से रास्ता निकालने का संकल्प लिया। 22 वर्षों की कठिन मेहनत के बाद केवल एक हथौड़ा व छैनी लेकर उन्होंने अकेले ही 25 फुट ऊँचे पहाड़ को तोड़ कर 360 फुट लम्बी और 30 फुट चौड़ी सड़क बना डाली और इस सड़क की वजह से गया के अत्रि और वजीरगंज सेक्टर्स की दूरी 55 किलोमीटर से 15 किलोमीटर हो गई। जब दशरत माँझी जी ने यह काम शुरू किया तो लोग उन्हें पागल कहने लगे।

मगर उन्होंने इन पंक्तियों को चरितार्थ कर दिया-

"फिसलना भी ख़ुद, संभलना भी ख़ुद

गिरना भी ख़ुद, उठना भी ख़ुद

चुन-चुन के अपनी लड़ाइयाँ, लड़ना भी ख़ुद

कोई साथ हो-ना-हो, चलना भी ख़ुद

जब होगा इतना विश्वास ख़ुद पर

ख़ुद ब ख़ुद रास्ते मिलेंगे

क्योंकि ख़ुदी पर विश्वास रखने वालों के साथ ख़ुदा होता है।"

(डॉ. उज्जवल पाटनी)।

आत्मविश्वास वह ताकत है जो पहाड़ को चीरकर सड़क बना देती है। सागर से मोती चुरा लेती है, इंसान को चाँद पर पहुँचा देती है तो आपका लक्ष्य

कौन सी बड़ी चीज है। एक कहावत बहुत प्रसिद्ध है **"मन के हारे हार है और मन के जीते जीत"** अगर आपको यह विश्वास है कि आप ज़िंदगी का युद्ध जीत सकते हैं तो दुनिया की कोई ताकत आपको हरा नहीं सकती और अगर आपको स्वयं पर भरोसा नहीं है तो दुनिया की कोई भी ताकत आपको विजयी नहीं बना सकती। आप किसी भी नौकरी के लिए इंटरव्यू देने जाते हैं। आपकी चाहे कितनी ही अच्छी तैयारी है, अगर आपने अपने आत्मविश्वास को डगमगाया तो परिणाम ज़्यादातर **"नकारात्मक आने की संभावना है। तुम्हारी सोच पर निर्भर है मान लो तो जीत है वरना हार होगी।"**

यह विश्वास की ताकत है जो आपके अंदर की छुपी हुई इंद्रियों को जागृत करती है। सुप्त ताकतों को जगाती है, कुछ अच्छा करने के लिए प्रेरित करती है, ज़िंदगी का अर्थ समझाती है, परिस्थितियों से लड़ने की क्षमता प्रदान करती है, आशा की किरण जगाती है। आत्मविश्वास वह शक्ति है जो आप में किसी काम के लिए ज़ुनून पैदा करती है। आपके सपनों को सच होने का रास्ता दिखाती है। आपको बुलन्दियों तक पहुँचाती है। आपकी शारीरिक कमजोरी व मानसिक थकान को दूर कर देती है। आपको अपना बहुमूल्य व कीमती समय बर्बाद नहीं करने देती।

"आत्मविश्वास ज़िंदगी में जीत का अनमोल मोती आपको सौंपती है जो आपके लिए ईश्वर का अमूल्य वरदान है।"

आत्मविश्वास को बढ़ाने वाले नुस्खे:-

आत्मविश्वास कोई वैद्य की दवा नहीं हैं कि आप डॉक्टर के पास गए और कहा कि, "सर, मेरा आत्मविश्वास गिर रहा है,बढ़ने की दवा दीजिए।" तथा डॉक्टर ने इंजेक्शन लगा दिया और आपका आत्मविश्वास बढ़ गया। नहीं प्यारे दोस्त नहीं। यह एक पूजा है, अर्चना है जो कड़ी मेहनत, दृढ़ निश्चय के साथ आपमें आएगी। कड़ी मेहनत, दृढ़ निश्चय व आत्मविश्वास तीनों एक ही त्रिकोण के

तीन कोने हैं। एक के बिना दूसरा व दूसरे के बिना तीसरा अधूरा है। अगर आत्मविश्वास पनपता है तो इंसान मेहनती बनता है और आत्मविश्वासी दिन दूनी-रात चौगुनी उन्नति करता है।

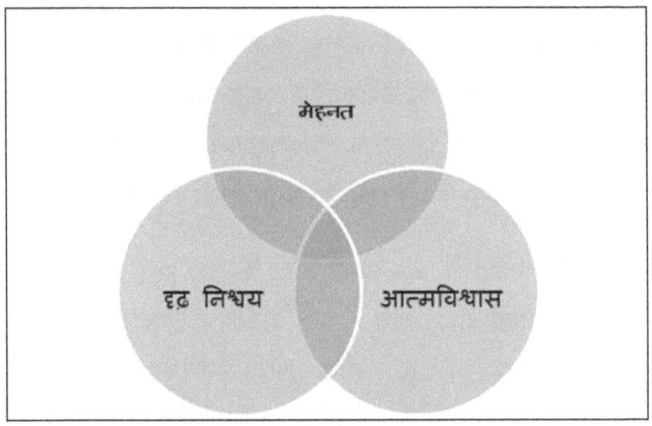

यहाँ इस अध्याय में आत्मविश्वास को बढ़ाने वाली कुछ बातों का वर्णन है।

1. **बहरे बन जाओ:-**

    कई बार अपने आत्मविश्वास को बनाए रखने के लिए हमें बहरा बनना पड़ता है। ज़िंदगी में कई बार आपका आत्मबल तोड़ने वाले लोग मिलेंगे। जब आप कुछ करना चाहते हैं तो वो आपको कहेंगे, **"नहीं यार नहीं, तू यह सब नहीं कर सकता। यह सब करने की तेरी औकात नहीं है।"** अमुक काम तो कोई फरिश्ता ही कर सकता है। इतनी सब बेरोजगारी है, तुझे कहाँ सफलता मिलेगी ? आपको इन सब बातों को ध्यान में रखते हुए, आपके आत्मविश्वास को तोड़ने वाले बन्दों से बचकर रहना है। ऐसी बातें सुनने की बजाए उस समय बहरे बन जाओ।

एक मूर्तिकार था, बहुत सुन्दर मूर्तियाँ बनाता था। असली आदमी और उसकी मूर्ति में कोई अन्तर नहीं लगता था। एक दिन उसको पता लगा कि अमुक दिन उसकी मृत्यु निश्चित है। वह बहुत परेशान हुआ। उसके दिमाग में एक विचार आया कि क्यों न मैं अपने जैसी ही नौ मूर्तियों का निर्माण करूँ। उसने अपनी हमशक्ल नौ मूर्तियाँ बना डाली। जब यमराज के आने का समय आया तो वह नौ मूर्तियों के साथ पंक्ति में खड़ा हो गया। यमराज हैरान-परेशान, क्या करे ? किसको लेकर जाए। तब यमराज को एक युक्ति सूझी।

यमराज ने कहा- ''मूर्ति बनाने में कोई तो कमी है।''

यह सब सुनकर मूर्तिकार का आत्मविश्वास हिल गया। मूर्तिकार एक़दम मूर्ति से बाहर आया और बोला- ''क्या कमी है ?'' तब यमराज ने उसे पहचान लिया और उसे ले गया। अगर उस मूर्तिकार को स्वयं पर पूरा भरोसा होता और यमराज के बोलने के समय वह बहरा हो जाता तो यमराज बोलकर लौट जाता और उस मूर्तिकार की ज़िंदगी बच जाती। अतः अगर आप अपनी ज़िंदगी को सँवारना चाहते हो तो स्वयं का भरोसा टूटने मत देना। जब भी कोई भरोसा तोड़ने की कोशिश करे तो बहरे बन जाना।

2. **स्वयं की तुलना मत करो:-** तुलना आनंद की चोर है। अगर अपना आत्मविश्वास बनाए रखना चाहते हो तो कभी भी दूसरों से अपनी तुलना मत करो। खुदा ने हर इन्सान को अलग हुनर दिया है, ज़िंदगी में अलग-अलग प्रकार की परिस्थितियाँ आती हैं। आप बस स्वयं में सर्वश्रेष्ठ बनो। आप शेक्सपियर नहीं बन सकते कोई बात नहीं। आप कालिदास नहीं बन सकते कोई बात नहीं।

आप ख़ुद में अच्छे से अच्छा करो। आप लिख तो सकते हैं ना, तो लिखो। दूसरों से तुलना करने पर कई बार आत्मविश्वास हिल जाता है। आप यह बात अच्छी तरह समझ ले कि आप स्वयं में अनूठे हैं। जो प्रकृति ने आपको दिया है तो उसका अधिकतम लाभ उठाए। दूसरों से ख़ुद की तुलना कभी-कभी संशय व कभी-कभी हीन भावना को जन्म देती है।

कवि 'डगलस मैलोक' ने इस संदर्भ में बहुत ही सुन्दर पंक्तियाँ लिखी हैं-

''अगर आप पहाड़ी की चोटी पर देवदार नहीं हो सकते,

तो घाटी में झाड़ी ही सही परन्तु बनो।

सबसे बढ़िया झाड़ी नदी किनारे की,

एक झाड़ी बनो अगर आप पेड़ नहीं बन सकते।

अगर आप झाड़ी नहीं बन सकते,

तो घास ही बनो

और किसी राजमार्ग को खुशनुमा बनाओ।

अगर आप कस्तूरी नहीं बन सकते

तो बेस ही सही

परन्तु झील में सबसे जीवंत बेस

हम सभी कप्तान नहीं हो सकते,

कुछ को नाविक भी बनना पड़ता है।

हम सभी के लिए कुछ न कुछ है,

करने के लिए बड़ा काम भी है छोटा काम भी है,

और जो काम हमें करना है वह करीब है।

अगर आप राजमार्ग न बने, तो पगडंडी ही सही,

अगर आप सूरज न बन सके, तो तारा ही सही,

आप आकार के हिसाब से सफल/असफल नहीं होते,

आप जो भी हैं, जैसे भी हैं सर्वश्रेष्ठ ही बने।

3. **आशावादी बनो:-**

कई लोग निराशावादी दृष्टिकोण अपनाकर ज़िंदगी की दौड़ को शुरू करने से पहले ही स्वयं को थका हुआ व हारा हुआ मान लेते हैं और प्रतियोगिता से हट जाते हैं। पराजित होने की सम्भावना से संघर्ष करने से मत घबराओ।

संघर्षों को चेतावनी दे डालो-

"आ तूफान, तुझसे है मेरा मुकाबला

तू दीए बुझाएगा, मैं दीए जलाऊँगा।"

4. **नकारात्मकता का त्यागः-**

अगर आत्मविश्वासी बनना चाहते हो तो अपनी बातचीत से समस्त नकारात्मक विचारों को सदा-सदा के लिए निकाल फेंको। हर रोज यह अभ्यास करो कि अपने विचारों से संदेह को निकाल फेंकना है। अपना वार्तालाप (बातचीत) अच्छी व उत्साहपूर्ण बातों तक ही सीमित रखो। अपने काम के विषय में उत्साहपूर्ण बनो। जो भी करो, उसमें नई जान फूँक दो, तेज कदमों से चलो।

5. **मेहनती बनोः-**

किसी ने क्या खूब कहा है-

''जब टूटने लगे हौसले, तो बस ये याद रखना

बिना मेहनत के हासिल तख्तो ताज नहीं होते

ढूँढ लेना अँधेरों में मंज़िल अपनी

जुगनू कभी रोशनी के मोहताज नहीं होते।''

अगर आत्मविश्वासी बनना चाहते हो तो मेहनती बनो। आप जितने मेहनती बनोगे, जितना ज़्यादा किसी क्षेत्र में अभ्यास करोगे, आपका आत्मविश्वास उतना ही ज़्यादा बढ़ता जाएगा।

योग, ध्यान व प्राणायामः-

योग, ध्यान व प्राणायाम में आत्मविश्वास को जगाने की अद्भुत ताकत है। इन यौगिक क्रियाओं से आप न केवल आत्मविश्वास को बढ़ा सकते हैं अपितु खोए हुए आत्मविश्वास को भी प्राप्त कर सकते हैं।

सफलता उम्र की मोहताज नहीं

एक भ्रांति हम सभी में बहुत बड़ी है कि सफलता केवल कम उम्र वाले ही प्राप्त कर सकते हैं। 40 की आयु तक आते-आते आपकी क्षमता कम हो जाती है। ऐसा बिल्कुल नहीं है, 40 तक आते-आते हम उसी जीवन से संतुष्ट होना शुरू कर देते हैं और उम्र का बहाना बनाने लगते हैं। अगर आप में जोश, ज़ुनून व आत्मविश्वास हैं तो उम्र सफलता में बाधक नहीं हो सकती। मैंने 38 वर्ष की आयु में पी.एच.डी. किया है, 39 वर्ष की आयु में अपना मोटिवेशनल चैनल शुरू किया है। 40 वर्ष की आयु में यह पुस्तक लिख रही हूँ और भविष्य के लिए भी बहुत ही सुन्दर सपने अपनी तिजोरी में संभाल कर रखे हैं।

माना बढ़ती उम्र के साथ जिम्मेदारियों का बोझ बढ़ जाता है, मगर किसी कारणवश अगर आप 20-25 वर्ष की आयु में सफल नहीं हो पाए तो कोई बात नहीं, पुनः अपना जोश जगाइए और अपने बारे में सोचिए। अगर आप में जज़्बा और दृढ़ता है, विश्वास है तो सफलता आपके क़दम अवश्य चूमेगी।

किसी ने क्या खूब लिखा हैः-

"मुश्किल तो इस दुनिया में कुछ भी नहीं,

फिर भी लोग अपने इरादे तोड़ देते हैं,

अगर सच्चे दिल से हो चाहत कुछ पाने की,

तो सितारे भी अपनी जगह छोड़ देते हैं।"

कर्नल सैंडर्स की प्रेरणादायी कहानी-

उम्र को मात देकर 73 वर्ष की आयु में बने अरबपति कर्नल सैंडर्स की कहानी कुछ यही साबित करती है, जिन्होंने उम्र को अपनी सफलता में बाधक नहीं बनने दिया। कर्नल सैंडर्स वो शख्सियत है जिन्होंने अपनी ज़िंदगी के अंतिम दिनों में सफलता की एक ऐसी मिसाल पेश की, जिसने सिद्ध कर दिया कि सफलता केवल उम्र की ही मोहताज नहीं है।

उनका सारा जीवन संघर्ष व असफलताओं से भरा रहाः-

- जब वे 5 वर्ष के थे, उनके पिता का देहान्त हो गया।
- 16 वर्ष की आयु में 7 वीं कक्षा में उन्हें स्कूल छोड़ना पड़ा।
- उसके बाद सैंडर्स की माँ ने दूसरी शादी कर ली और सैंडर्स घर से भाग गए।
- 18 से 22 वर्ष की आयु तक कन्डक्टर की नौकरी की।
- आर्मी में गए तो वहाँ से भी निकाल दिया गया।
- लॉ-स्कूल में दाखिला लेने की सोची तो वहाँ से भी निकाल दिया गया।
- लोगों के जीवन-बीमा का कार्य शुरू किया लेकिन वहाँ भी असफलता हाथ लगी।
- 20 वर्ष की आयु में उनकी पत्नी, बच्ची को साथ लेकर उनको छोड़कर चली गई।
- उन्होंने एक होटल में बावर्ची का कार्य शुरू किया।

- 65 वर्ष की आयु में रिटार्यमेंन्ट पर सरकार की तरफ से उन्हें 105 डॉलर का चैक मिला।

एक बार वो अपनी वसीयत लिखने बैठे तो उन्हें अहसास हुआ-**"अभी तो बहुत कुछ करना बाकी है और बहुत कुछ किया जा सकता है।"**

वे एक शानदार कुक (बावर्ची) थे। यहीं से उन्होंने अपने नए जीवन का आरम्भ किया और ज़िंदगी में हार ना मानने की जिद पर अड़ गए। वो अपनी पुरानी रेसिपी से ही घर की रसोई में ही चिकन फ्राई बनाकर, दरवाजे से दरवाजे बेचने लगे। उन्होंने अलग-अलग रेस्टोरेन्ट के मालिकों से मिलना शुरू किया। एक हजार नौ बार असफलता हाथ लगी परन्तु अपने दृढ़-निश्चय से अन्त में उन्होंने अपने चिकन प्रयोग के साथ एक ऐसा साम्राज्य खड़ा कर दिया कि सिर्फ 8 साल में वो शिखर पर पहुँच गए।

उन्होने के.एफ.सी. (केंटकी फ्राइड चिकन) की स्थापना की। आज के.एफ.सी. के 18 हजार से ज़्यादा रेस्टोरन्ट हैं और उनकी एक साल की कमाई 20 अरब डॉलर से भी ज़्यादा है।

केंन्ट की गवर्नर को सैंडर्स का बनाया चिकन इतना पसंद आया कि उन्होने सैंडर्स को **'कर्नल'** की उपाधि से सम्मानित कर दिया। जब एक इन्सान 73 वर्ष की आयु में अरबपति बन सकता है, एक युवा जो अभी 30-40 वर्ष की आयु का है, वह क्यों नहीं ? जरा सोचिए और बुलन्दियों को छूने के लिए आगे क़दम बढ़ाइए।

ताओ पोर्चन लिन्च योगगुरु-

बुलंदियों को छूने की कोई उम्र नहीं होती, यह साबित कर दिखाया है, 101 वर्षीय ताओ पोर्चन लिन्च ने। उन्होंने योग से अपनी फिसलती उम्र को थाम लिया था। मई 2012 से 2020 तक वो विश्व की सबसे उम्रदराज योग गुरु रही। अपना नाम स्वर्ण अक्षरों में गिनीज वर्ल्ड रिकार्ड में दर्ज कराया। लिन्च का जन्म 13 मई 1918 को इंग्लिश चैनल पर तैरती एक जहाज में एक प्रि-मैच्योर बच्ची के रूप में हुआ। पुदुचैरी में फैंच पिता एवं मणिपुरी माँ के घर जन्मी ताओ का बचपन भारत में गुजरा है। वह न्यूयॉर्क में जाकर बस गई और 1982 में 'वेस्चेस्टर इंस्ट्टीट्यूट' ऑफ योग' (जिसमें देश-विदेश से विद्यार्थी योग सीखने आते हैं) की स्थापना की। लिन्च 100 वर्ष की उम्र में भी 6 से 7 घण्टे योग की कक्षाएँ लेती थी और इस उम्र में भी किसी युवा जैसी ऊर्जा से भरपूर थी। ताओ ने भारत से योग प्रशिक्षण लेकर इसे विदेशों में फैलाया। भारत सरकार ने इन्हें पद्मश्री सम्मान से नवाजा।

ताओ पोर्चन लिंच की कहानी यह साबित करती है कि सफलता उम्र के बंधन से नहीं बाँधी जा सकती। यह तो आपके जोश, ज़ुनून व आत्मविश्वास के बल पर उम्र को भी थाम लेती है।

अध्याय-2

बुलंदियों को छूने के स्वर्णिम सूत्र

अगर आप अध्याय-1 में वर्णित सभी भ्रांतियों का त्याग कर अध्याय-2 में वर्णित स्वर्णिम सूत्रों को अपनी ज़िंदगी में अपनाते हैं तो आपको बुलंदियाँ छूने से कोई नहीं रोक सकता। इन स्वर्णिम सूत्रों को ज़िंदगी का हिस्सा बनाना आपके लिए मुश्किल जरूर हो सकता है मगर नामुमकिन नहीं। दुनिया की जितनी भी महान हस्तियाँ हुई हैं, जितने भी सफल इंसान हुए हैं वो कोई अलग नहीं हैं, भगवान ने उनको कोई अलग प्रकार का दिमाग नहीं दिया है। बस, उन्होंने इन स्वर्णिम सूत्रों को अपने जीवन में आत्मसात किया और शिखर को छू लिया। आप भी यह कर सकते हैं। बस जरूरत है तो अपने जोश, ज़ुनून और जज़्बे को जगाने की, हौसलों को बढ़ाने की, भीष्म पितामह जैसी दृढ़ प्रतिज्ञा की, चींटी जैसी कठोर मेहनत व अभ्यास की, संघर्षों व असफलताओं से लड़ने की तथा साथ में उच्च समय प्रबन्धन की।

"बुलंदियों का ताज उसी ने पहना जिसने अपनी ज़िंदगी में ज़ुनून, बुलंद हौसलों, कठोर मेहनत, दृढ़-निश्चय व उचित समय प्रबंधन जैसे स्वर्णिम सूत्रों का पालन किया।"

बुलंदियों को छूने का मंत्र।

HCFF का निवेश-

- H-Hard Labour कठोर मेहनत
- C-Courage जज़्बा/ज़ुनून
- F-Firm Determination दृढ़ निश्चय
- F-Full Confidence पूर्ण विश्वास

उत्पाद (Product)

- शोहरत
- यश
- कीर्ति
- सफलता

सपनों के महल खड़े करो

“सपने देखो, उनसे बेपनाह मोहब्बत करो और पूरे जोश व एकाग्रता को उनकी प्राप्ति में लगा दो, इतिहास के सभी रिकॉर्ड ध्वस्त हो जाएँगे।”

बुंलदियों की तरफ पहुँचने का प्रथम क़दम है कि आप स्वप्नदृष्टा व कल्पनाशील बनो। हर चीज का सृजन दो बार होता है, पहली बार दिमाग में और दूसरी बार वास्तविकता में। आपको बुलंदियों तक पहुँचने का प्रथम सफ़र सर्वप्रथम सपनों के रूप में पूरा करना होगा।

किसी ने क्या खूब कहा है-

“मंज़िलें उन्हें मिलती हैं

जिनके सपनों में जान होती है,

पंखों से कुछ नहीं होता

हौसलों से उड़ान होती है।”

सी.एस.लुईस, **“आप कभी भी इतने बूढ़े नहीं होते कि एक नया लक्ष्य निर्धारित ना कर सके या एक नया सपना ना देख सके।”**

वैसे तो सपने देखने की कोई उम्र नहीं होती मगर आप अगर युवावस्था में ही एक महान स्वप्न की नींव रखते हैं तो उस पर एक भव्य मंज़िल का निर्माण कर सकते हैं।

डॉ0 अब्दुल कलाम और सपनेः-

15 जुलाई 1931 को तमिलनाडु के रामेश्वरम जिले के धनुषकोडि गाँव के एक साधारण मुस्लिम परिवार में एक बालक का जन्म हुआ। पिता की कमाई का एक मात्र साधन एक नाव थी। परिस्थितियों से वशीभूत होकर मात्र 5 वर्ष की आयु में ही अपनी पढ़ाई को सुचारू रूप से चलाने के लिए इस बालक ने अखबार बेचने का काम शुरू कर दिया। वही बालक आगे जाकर अपने सपनों व ज़ुनून के बल पर एक महान वैज्ञानिक डॉ. अब्दुल कलाम बना व मिसाइलमैन के रूप में जाना गया। अपने महान सपनों के बल पर ही उन्होंने अपनी धनुषकोडी की एक छोटी सी झोपड़ी से निकल कर राष्ट्रपति के पद को शोभायमान किया। उनका फर्श से अर्श तक का सफर उनके महान सपनों, हौसलों व ज़ुनून का ही परिणाम है।

डॉ. अब्दुल कलाम ने कहा था-

''इससे पहले कि सपने सच्चे हो, आपको सपने देखने होंगे, महान सपने देखने वालों के महान सपने हमेशा पूरे होते हैं। आकाश की तरफ देखिए। हम अकेले नहीं है, सारा ब्रह्माण्ड हमारे लिए अनुकूल है और जो सपने देखते हैं और मेहनत करते हैं, उन्हें प्रतिफल देने की साज़िश करता है। सपने वो नहीं जो नींद में आते हैं, सपने वो हैं जो आपको सोने ना दें।''

स्वप्न देखना एक बहुमूल्य वरदान है। अच्छे व सुन्दर सपने देखो। आपके सपने विशाल होने चाहिए। महत्वाकांक्षा ऊँची होनी चाहिए, प्रतिबद्धता गहरी होनी चाहिए और उन सपनों को प्राप्त करने के लिए कठोर से कठोर मेहनत करनी चाहिए। स्वप्नशीलता व कल्पनाशीलता आपको लक्ष्य तक पहुँचाते

हैं। अगर आप कल्पनाशून्य है तो आप ज़िंदगी में ऊँची उड़ान भरने की सोच भी नहीं सकते। अगर स्वप्नदृष्टा नहीं होते तो आज विज्ञान ने इतनी ऊँचाइयों को नहीं छुआ होता। मानव चाँद पर नहीं पहुँचा होता। राइट बंधुओं ने हवाई जहाज का निमार्ण नहीं किया होता। दुनिया में बाढ़ को रोकने के लिए दामोदर नदी घाटी परियोजना व टेनेसी नदी घाटी परियोजना जैसी योजनाएँ नहीं बनी होती। पनडुब्बियों का निर्माण नहीं हुआ होता। मानव अभी भी जंगलों में ही घूमता व कंदमूल-फल खाता ही नजर आता और महान सभ्यताओं का जन्म ही नहीं हुआ होता।

नेपोलियन हिल्स:-

"धरती की समृद्धियों और सभी उपलब्धियों का मूल विचार सपना है।"

प्रसिद्ध विचारक इसीनार रूजवेल्ट के अनुसार-

"आने वाला कल उन्हीं का है जो अपने सपनों की सुन्दरता में विश्वास रखते हैं।"

यह ज़िंदगी एक बार मिलती है और मानव ईश्वर की सुंदरतम रचना है, इसलिए जितने सुंदरतम सपने देख सकते हो देखो, आप कितने भी निर्धन क्यों न हो, मगर सपने देखने का अधिकार आपसे कोई नहीं छीन सकता, मगर सपने शेख चिल्ली वाले नहीं होने चाहिए। सकारात्मक सपने देखो, गम्भीरता पूर्वक विचार करो और कल्पना शून्य मत बनो। अपने भविष्य को उज्जवल बनाने के लिए सुखद सपने देखो। स्वप्न देखना एक ऐसा संकेत है जो हमें बुंलदियों की ओर बढ़ने के लिए प्रेरित करता है। आपके सपने वास्तविकता की बुनियाद पर टिके हो, जो न केवल आपकी ज़िंदगी में रंग भरे अपितु एक समाज का भी

नवनिर्माण कर सके। अपने सपनों को साकार करने के लिए अपना सब कुछ दाँव पर लगा दो।

क्रांतिकारियों व देशभक्तों ने आज़ादी के सपने देखे और उसको पूरा करने के लिए न जाने कितनी क़ुर्बानियाँ देकर भारत को आज़ाद करवाया। नेल्सन मंडेला ने काले-गोरे का भेदभाव मिटाने का सपना देखा व अश्वेत नीति के खिलाफ जंग लड़ी, कैलाश सत्यार्थी ने बच्चों को बाल-श्रम से मुक्त कराने का सपना देखा व अपनी मेहनत से सपनों के बल पर बहुत से बच्चों की ज़िंदगी में बहार लाए व उन्हीं सपनों का परिणाम था कि 2017 में उन्हें नोबेल पुरस्कार से सम्मानित किया गया।

अगर इंसान के सपने ही टूट जाएँगे तो उसका जीवन बिना पंख वाले उस पक्षी की तरह हो जाएगा जो उड़ान तो भरना चाहता है, मगर चाहते हुए भी उड़ान नहीं भर सकता।

"सपने मनुष्य को आरोही बनाते हैं, ज़िंदगी को उर्ध्वाधर गति प्रदान करते हैं और उत्थान की तरफ अग्रसर करते हैं।"

सपने बुनना प्रकृति का एक नायाब तोहफ़ा है, जिसको खरीदने के लिए ना बाजार की आवश्यकता होती है और ना ही पैसों की। निर्धन से निर्धन इंसान भी इस धरती पर रहकर बड़े से बड़ा सपना देख सकता है। बस, हिम्मत चाहिए, साहस चाहिए, आत्मविश्वास की ताकत चाहिए। सुन्दर सपने बुनो और हमेशा अन्त को ध्यान में रखकर ही सपने बुनो। अगर सुन्दर सपने देखोगे तो ऊँचाइयों को छुओगे।

वाल्ट डिज्नी के अनुसार-

"हमारे सपने पूरे होते हैं अगर हम में उनका पीछा करने का साहस है।"

"आपके सपनों की गहराई जितनी ज़्यादा होगी, बुलंदियाँ भी उतनी ही ज़्यादा होगी।"

इसलिए उठो, सपने देखने का साहस करो, अपने सपनों से बेपनाह मोहब्बत करो और तब तक प्रयत्न करते रहो जब तक अपने सपनों को साकार नहीं कर लो और अपने सपनों का राज तब तक मत खोलो, जब तक वो पूरे नहीं हो जाए।

लक्ष्य प्राप्ति की एकाग्रता, ज़ुनून व ज़िद्दीपन

महान सपनों का निर्माण करके अगर आप बैठ गए तो आपके सपने शेखचिल्ली के सपनों से ज़्यादा कुछ नहीं। आपको परोएक्टिव बनना पड़ेगा। सक्रिय होना पड़ेगा। अपने लक्ष्य को भेदना होगा।

डॉ. अब्दुल कलाम -

"अपने मिशन में क़ामयाब होने के लिए आपको अपने लक्ष्य के प्रति एकचित्त, निष्ठावान होना पड़ेगा।"

"लक्ष्य के प्रति एकाग्रता आपकी सफलता की संभावना को हजारों गुणा बढ़ा देती है।"

एकाग्रता हो तो अर्जुन जैसी। जब गुरु द्रोणाचार्य धनुर्विद्या सिखा रहे थे तो उन्होंने पाण्डवों की परीक्षा लेने के लिए पेड़ पर बैठे पक्षी की आँख भेदने के लिए कहा। सभी शिष्यों ने कहा, "गुरुजी हमें आँख व पत्ते दिख रहे हैं।" केवल मात्र अर्जुन ने कहा- "गुरुजी मुझे केवल आँख दिख रही है।" और उन्होंने उसकी आँख भेद डाली। यह है लक्ष्य के प्रति एकाग्रता। लक्ष्य निर्धारित करो और उसे भेद डालो।

अपने लक्ष्य के प्रति आपको ज़ुनूनी होना पड़ेगा। जब आप लक्ष्य के प्रति जुनूनी व ज़िद्दी बनोगे तो सफलता के द्वार ख़ुद-ब-ख़ुद खुल जाएँगे। ज़ुनून सफलता की सीढ़ी पर पहुँचने के लिए एक बहुत ही अच्छा टॉनिक है। आप जो पाना चाहते हैं उसके लिए ज़ुनून, अपने लक्ष्य पर नजर टिकाए रखने के लिए ज़ुनून और उस लक्ष्य को साकार होते देखने के लिए पूरा ज़ुनून होना चाहिए क्योंकि ऊँचाइयों को वही छू सकते हैं जो उसके लिए ज़ुनून रखते हैं, इसलिए यदि आपके अंदर जूनून नहीं है तो अपने लक्ष्य व सपनों के लिए ज़ुनून पैदा कीजिए। काम करने वालों और ज़ुनून के साथ काम करने वालों में बहुत अंतर होता है और यह जुनून है जो एक इंसान को शिखर पर बैठा देता है। आपको अपने लक्ष्य की प्राप्ति के लिए ज़िद्दी बनना पड़ेगा।

ज़िद्दी बनो

अपने उस लक्ष्य को भेदने के लिए

जो आपके सपनों में सजता-सँवरता है

ज़िद्दी बनो

स्वयं को सर्वश्रेष्ठ बनाने के लिए

ज़िद्दी बनो

अपनी हर उस इच्छा के लिए

जो आपके भविष्य को उज्जवल बनाती है

ज़िद्दी बनो

वरना बुलंदियाँ छूना तो दूर

सफलता के प्रथम पायदान पर भी

नहीं पहुँच पाओगे।''

सुकरात और उसके शिष्य की कहानी-

जिस दिन तुम्हारे अंदर किसी भी क्षेत्र में सफलता के लिए तड़प पैदा होगी, उस दिन सफलता तुम्हारे क़दम अवश्य चूमेगी। यूनान के महान दार्शनिक सुकरात एक दिन नदीं में नहा रहे थे। तभी उनका एक शिष्य आता है और सुकरात जी से सफलता का रहस्य पूछता है। सुकरात ने उस शिष्य को नदी के अंदर आने के लिए कहा। जब वह शिष्य नदी के बीच में पहुँचा तो उसकी गर्दन तक पानी आ गया। तब अचानक सुकरात ने जोर से उसकी गर्दन को पकड़कर उसे पानी में डुबो दिया। शिष्य, पानी से बाहर फेंकी गई मछली की तरह तड़पने लगा और अपनी पूरी ताकत लगाकर सुकरात से अपनी गर्दन छुड़वाकार पानी से अपनी गर्दन को बाहर निकाला और बहुत ही गहरी साँस ली।

उसने पूछा- **"गुरुजी यह सब क्या था ?"**

गुरुजी ने उससे पूछा- **"जब तुम पानी के अन्दर थे, तब कैसा महसूस कर रहे थे ?"**

उसने कहा- **"मुझमें जिंदा रहने की तड़प पैदा हो रही थी।"**

सुकरात ने कहा- **"बस यही सफलता का रहस्य है। जिस दिन तुम्हारे अन्दर लक्ष्य के प्रति तड़प पैदा होगी, समझ लो तुम्हारी सफलता के द्वार खुल गए।"**

बुलंदियों को छूने के लिए आपको भी वही तड़प पैदा करनी पड़ेगी। प्रकृति सारी क़ायनात, रहमतें तुम पर बरसा देंगी और सभी द्वार स्वयं ही अपने आप खुलते जाएँगे।

यह देशभक्ति का जज़्बा व ज़ुनून ही होता है कि सीमा के पहरेदार ऊँचे-ऊँचे ग्लेशियर पर चढ़कर देश की रक्षा करते हैं। हमारे सैनिकों के ज़ज्बे व ज़ुनून से ही आज हम खुली हवा में साँस ले रहे हैं। वो अपनी शहादत देकर हमारी रक्षा कर रहे हैं।

किसी ने क्या खूब कहा है-

''सलाम है, हर युवा के ज़ज्बे को,

सलाम है, हर युवा के ज़ुनून को,

सलाम है, हर गरीब के सपने को,

सलाम है, बुलंद हौसलों की तस्वीर को।''

दृढ़ प्रतिज्ञा

अपने लक्ष्य के प्रति दृढ़ प्रतिज्ञा लो और जब तक वह पूरा नहीं हो जाए रुको मत। प्रतिज्ञा हो तो चाणक्य जैसी, भीष्म पितामह जैसी। नन्दवंश के राजा ने चाणक्य का भरी सभा में अपमान किया। उसको धक्के मरवाकर राजदरबार से बाहर निकलवा दिया। चाणक्य ने स्वयं को इतना अपमानित महसूस किया कि उसने स्वयं से प्रतिज्ञा की कि वह जब तक नन्दवंश का नाश नहीं कर देगा तब तक चैन से नहीं बैठेगा और अपनी प्रतिज्ञा की लक्ष्य प्राप्ति के लिए उन्होंने दिन-रात एक कर दिया। चंद्रगुप्त मौर्य की सहायता से नन्दवंश का अन्त किया और एक एकीकृत भारत का निर्माण कर अपनी प्रतिज्ञा को पूर्ण किया। जब आप अपने सपनों को पूरा करने के लिए कौटिल्य जैसी प्रतिज्ञा निभाते हैं तो बुलंदियाँ छूने से आपको कोई नहीं रोक सकता।

जो प्रतिज्ञा लो उस पर अटल रहो।

भीष्म पितामह व दृढ़ प्रतिज्ञा-

इसी तरह से अगर दृढ़ प्रतिज्ञा लेना सीखना हो तो सीखो महाभारत के महान पात्र भीष्म पितामह से। यह उनकी दृढ़ प्रतिज्ञा का ही परिणाम था कि उनके पिता शांतनु ने उनको इच्छा मृत्यु का वरदान दिया।

भीष्म प्रसिद्ध कुरुवंशी महासम्राट शांतनु के पुत्र थे और भगवती गंगा उनकी माता थी। पौराणिक कथाओं के अनुसार महाराज शांतनु ने अपने पुत्र देवव्रत को अपना युवराज घोषित कर दिया था। देवीगंगा ने देवव्रत (भीष्म) को

आशीर्वाद दिया एवं वह अंतर्धान हो गई। एक दिन शांतनु यमुना नदी के निकटवर्ती वन में घूम रहे थे कि उन्होंने एक सुंदर स्त्री को वहाँ पर देखा। वो उस स्त्री पर इतने आसक्त हो गए कि उन्होंने निशादराज से उनकी पुत्री सत्यवती के विवाह का प्रस्ताव रख दिया। जब शांतनु ने सत्यवती से विवाह का प्रस्ताव निशादराज के सामने रखा तो निशादराज ने कहा- ''मैं सत्यवती का विवाह केवल इस शर्त पर शांतनु के साथ कर सकता हूँ कि सत्यवती का पुत्र ही हस्तिनापुर का उत्तराधिकारी बनेगा।''

शांतनु देवव्रत से बहुत ही प्यार करते थे क्योंकि वह बहुत ही प्रतिभाशाली थे। यह शर्त मानने को शांतनु तैयार नहीं थे, परंतु सत्यवती के प्रति आसक्ति से वो मुक्त ना हो सके और उदास रहने लगे। जब देवव्रत को इस बात का पता लगा तो वे स्वयं कैवर्तराज के पास अपने पिता के लिए सत्यवती का हाथ माँगने गए।

युवराज देवव्रत ने कैवर्तराज के समक्ष प्रतिज्ञापूर्वक कहा- **''मैं प्रतिज्ञा करता हूँ कि जो पुत्र तुम्हारी कन्या से पैदा होगा, वही हस्तिनापुर का उत्तराधिकारी बनेगा।''**

मगर निशादराज संतुष्ट नहीं हुए और उन्होंने कहा- **''मुझे तुम पर पूरा भरोसा है, मगर तुम्हारी संतान कभी सत्यवती के पुत्र को सत्ता से वंचित ना कर दे, मुझे यह आशंका है।''** देवव्रत ने अपने पिता की खुशी के लिए शादी ही ना करने का फैसला लिया ताकि उनको पुत्र प्राप्ति ही ना हो।

देवव्रत ने कहा- **''मैं आजीवन ब्रह्मचारी रहने की दृढ़ प्रतिज्ञा करता हूँ।''**

देवव्रत की भीष्म प्रतिज्ञा से सभी बहुत प्रसन्न हुए। देवताओं ने उन पर फूलों की वर्षा की और तब वे देवव्रत भीष्म कहलाए। उनकी इसी प्रतिज्ञा से प्रसन्न होकर शांतनु ने उनको इच्छा-मृत्यु का वरदान दिया। अपनी मृत्यु तक भीष्म

पितामह अपनी प्रतिज्ञा पर अटल व दृढ़ रहे और इतिहास के स्वर्ण अक्षरों में अपना नाम दर्ज करवा गए।

अगर आप भी ज़िंदगी में सफलता के नए आयाम स्थापित करना चाहते हैं तो अपने लक्ष्य के प्रति दृढ़ प्रतिज्ञावान बने, सफलता आपके क़दम अवश्य चूमेगी।

कठोर परिश्रम

किसी ने क्या खूब कहा है-

"पसीने की स्याही से जो लिखते हैं इरादे को

उसके मुकद्दर के सफेद पन्ने कभी कोरे नहीं होते।"

यह साबित कर दिखाया है भारत के गोल्डन बॉय, सेना के जवान, हरियाणा की माटी के लाल- **नीरज चोपड़ा ने।** माँ भारती के भाल पर अपने भाले से ऐसा स्वर्ण तिलक लगाया है कि सारी दुनिया दाँतों तले उंगली दबाकर रह गई। टोक्यो ओलंपिक 2020 में जेवलिन थ्रो में गोल्ड के दावेदार तो **फाइनल** में भी जगह नहीं बना पाए।

यह वही नीरज चोपड़ा है- जिसका वजन 13 वर्ष की आयु में 80 किलो ग्राम होता था। यह वही नीरज चोपड़ा है -जो सफेद कुर्ता-पजामा पहनकर हरियाणा प्रांत के पानीपत जिले के खंडरा गाँव की गलियों में जब घूमता था तो लड़के

उसे सरपंच कहकर चिढ़ाते थे, मगर उसने अपनी मेहनत के रंग से सबकी बोलती बंद कर दी और बड़े-बड़े इश्तिहार छपवा दिए-

"वाह! लठ गाड़ दिए छोरे नै, भारत के लिए ऐतिहासिक पल......"

टोक्यो पैरालंपिक 2020 में अवनि लेखारा, सुमित अंतिल जैसे धुरंधरों ने इतिहास रच दिया। **ओलंपिक खेलों में जब एक खिलाड़ी खेलता है तो वह एक सेकण्ड की जीत के लिए घण्टों पसीने बहाता है।** इसी तरह स्टीव जॉब्स, बिल गेट्स, रतन टाटा, धीरू भाई अम्बानी जैसी कितनी ही महान हस्तियाँ हुई हैं, जिन्होंने अपनी कठोर मेहनत के दम पर पूरी दुनिया में अपना नाम चमकाया है। अतः मेहनत इतनी खामोशी से करो की क़ामयाबी शोर मचा दे।

अब्दुल कलाम जी ने कहा था-

"सफलता का मूल मंत्र है पसीना.. पसीना.. पसीना।"

हाँ दोस्तो, क़ामयाबी का रास्ता कठोर मेहनत से होकर गुजरता है। कठोर मेहनत व अभ्यास के अलावा बुलंदियों को छूने का व सफलता प्राप्त करने का कोई विकल्प/कोई शॉर्टकट है ही नहीं। जिसने भी पसीना बहाया उसी ने इतिहास में नाम दर्ज करवाया। चाहे कोई भी क्षेत्र हो, हर एक क्षेत्र में पसीना बहाना पड़ता है। जिसने भी पसीना बहाया है उसी ने सफलता प्राप्त की।

"जिद है अगर कुछ करने की

तो आसमाँ भी झुक जाएगा

तू शिद्दत से कर मेहनत

तो पर्वत भी हिल जाएगा।"

संस्कृत में कहा गया है

"यथा ह्येकेन चक्रेण न रथस्य गतिर्भवेत्।

एवं परूषकारेण बिना दैवं न सिद्धयति।।"

अर्थात जिस प्रकार एक पहिए से रथ नहीं चल सकता, उसी प्रकार बिना पुरुषार्थ के भाग्य सिद्ध नहीं हो सकता, अतः भाग्य के भरोसे सब कुछ छोड़कर मत बैठिए, लक्ष्य की प्राप्ति हेतु पुरुषार्थ करते रहिए।

विन्स लोम्बार्डी "**कठिन परिश्रम वह कीमत है जो हमें चुकानी पड़ती है। मुझे यह लगता है अगर आप यह कीमत चुका सकते हैं तो आप कुछ भी पा सकते हैं।"**

कठोर परिश्रम के अलावा सफलता का कोई विकल्प है ही नहीं। सफलता प्राप्त करने के लिए कठोर मेहनत करो और समय पर मेहनत करो तभी सफलता मिलेगी। एक बात और कहना चाहूँगी कि कठोर मेहनत के साथ-साथ स्मार्ट वर्क भी करो वरना ये बेचारा मजदूर जो सारा दिन पत्थर तोड़ता है वो बहुत अमीर होता। ज़िंदगी में यह हमेशा जरूरी नहीं कि आपको अपनी मेहनत का फल उसी क्षेत्र में मिले, जिस क्षेत्र में आप सफलता प्राप्त करना चाहते हैं। कभी-कभी किसी चीज को पाने के लिए आप जी तोड़ मेहनत करते हैं, मगर वह आपको नहीं मिलती। कभी-कभी परिस्थितियाँ मजबूरन रास्ता बदलने को मजबूर कर देती हैं तो कोई बात नहीं, रास्ते में जब कोई अवरोध आ जाता है तो नदी रास्ता बदलकर नया मार्ग चुनकर, नया रास्ता बना ही लेती है।

चीन के महान दार्शनिक और शिक्षक **कन्फयूशियस** के अनुसार, "जब आप किसी चीज की उम्मीद करते हैं तो आपको कर्मठ होना चाहिए। उस चीज के लिए कठिन मेहनत करनी चाहिए। अगर कोई मैकेनिक अपने काम में खरा उतरना चाहता है तो उसे पहले अपने औजार तेज करने होंगे।"

कबीरदास जी कहते हैंः-

“जिन खोजा तिन पाइया,

गहरे पानी पैठ,

मैं बपुरा बूडन डरा,

रहा किनारे बैठ।“

अर्थात जो लोग लगातार प्रयत्न करते हैं, वह कुछ ना कुछ पाने में जरूर सफल हो जाते हैं। जैसे कोई गोताखोर जब गहरे पानी में डुबकी लगाता है तो कुछ ना कुछ लेकर जरूर आता है, लेकिन जो लोग डूबने के भय से किनारे पर बैठे रहते हैं, उनको जीवन पर्यन्त कुछ नहीं मिलता।

समय-प्रबंधन

अक्सर ज़िंदगी में इंसान शिकायतें करता रहता है, बहाने बनाता रहता है और बहाने बनाते-बनाते, वह ख़ुद को इतना कमजोर समझने लगता है कि उसको पता ही नहीं लगता कि वह ज़िंदगी में अंधकार की तरफ बढ़ रहा है। हम में से बहुत से लोग हमेशा ही समय का रोना रोते रहते हैं, मेरे पास तो समय की बहुत कमी है, मेरे पास समय ही नहीं है मगर समय व ज्वार-भाटा किसी का इंतजार नहीं करते। जरा सोचकर देखिए, जो इंसान ज़िंदगी में सफल हुए, उनके पास भी एक दिन में वही 24 घण्टे का समय था, वही 86400 सेकण्ड का समय था। समय को किसी के लिए भी घटाया या बढ़ाया नहीं जा सकता। हम केवल समय का उचित प्रबंधन कर सकते हैं ताकि कम समय में ज़्यादा आउटपुट आ सके और सफल इंसान ज़िंदगी में यही करता है। वह अपनी एक-एक सेकण्ड, एक-एक मिनट को बचाता है।

हर इंसान का समय प्रबंधन का अपना तरीका होता है। मैं यहाँ पर विश्व प्रसिद्ध महानतम हस्तियों के बारे में बता रही हूँ कि कैसे उन्होंने अपने समय का उचित प्रकार से प्रबंधन किया है।

महात्मा गाँधी जी कहा करते थे कि जो समय बचाते हैं वो धन बचाते हैं और बचाया गया धन, कमाए हुए धन के बराबर होता है। उन्होंने दातुन करते-करते गीता के 13 अध्याय याद कर लिए थे।

फेसबुक के सी.ई.ओ. मार्क जुकेरबर्ग का समय बचाने का अपना तरीका है। वे वार्डरोब में केवल ग्रे कलर की ही टी शर्ट रखते हैं ताकि समय की बचत हो।

समय प्रबंधन की टाइमबोक्सिंग तकनीक-

समय प्रबंधन सीखना है तो सीखो- **एलन मस्क से।** एलन मस्क **पेपैल, स्पेस एक्स और टेस्ला मोटर्स** जैसी बड़ी-बड़ी कम्पनियों के मालिक हैं। इनको फोर्ब्स की सूची में दुनिया का 53 वां अमीर आदमी घोषित किया गया है। उच्च उत्पादकता के लिए एलन मस्क **टाइमबोक्सिंग तकनीक** का प्रयोग करते हैं। यह तकनीक आपको कार्यों की बजाए समय पर ध्यान केन्द्रित करने के लिए प्रोत्साहित करती है। किसी कार्य को एक निश्चित समय सीमा तक सीमित करती है। इस तकनीक के साथ वो अपने दैनिक कार्यक्रम पर नियंत्रण रखते हैं और इसी की बदौलत आज वो इतने सफल हैं।

समय प्रबंधन के बल पर आप अपनी जिम्मेदारियों को बखूबी निभा सकते हैं।

समय प्रबंधन के कुछ तरीके-

1. **बड़ा लक्ष्यः-**

   सबसे पहले अपना महान लक्ष्य निश्चित करो। आप समय का उचित प्रबंधन तभी कर सकते हैं, जब आपका लक्ष्य निर्धारित हो। लक्ष्य के अभाव में समय की कीमत का आपको पता ही नहीं लगेगा। जितना बड़ा व महान आपका लक्ष्य होगा, आपका समय प्रबंधन भी उतना ही उच्च कोटी का होगा।

2. **व्यर्थ की बातों से दूरीः-**

   ज़िंदगी में अगर आप अपना समय प्रबंधन उच्च कोटि का बनाना चाहते हैं तो आपको फिजूल की बातों से दूरी बनानी पड़ेगीः-

   1. निंदा से दूरी,
   2. ईर्ष्या से दूरी,
   3. अश्लील साहित्य व संगीत से दूरी,
   4. मोबाइल एवं सोशल मीडिया से दूरी,
   5. अनावश्यक गप्पों से दूरी,
   6. नकारात्मकता से दूरी।

3. **भौतिकतावादी दिखावे से दूरीः-**

   कई बार हम भौतिकतावादी दिखावे में भी बहुत ही कीमती समय बर्बाद करते हैं। कई बन्दे भौतिकतावाद की चकाचौंध में शॉपिंग पे शॉपिंग में इतना समय नष्ट करते हैं कि पहनावे व खाने के अलावा वो वास्तविक सफलता को पहचान ही नहीं पाते हैं और

सारी ज़िंदगी उसी चकाचौंध में निकाल देते हैं। अतः अतिवादी शॉपिंग से बचें। अपनी सोच को ब्रांडिड बनाएं। जितनी भी महान हस्तियाँ हुई हैं उन्होंने सादा जीवन व उच्च विचार को ही अपनाया है।

4. **समय की कीमत को पहचानें:-**

   समय बहुत ही मूल्यवान है। यह अनमोल है, समय के महत्व को समझो, यह बहुत ही बलवान है, जब तक आप समय की कीमत को नहीं समझोगे, तब तक आप समय का उचित प्रबंधन कर ही नहीं सकते।

समय के बारे में किसी ने कहा है-

"समय का पहिया चलता जाए,

समय अनमोल हमें सिखाए,

जो समय को व्यर्थ गँवाते,

लूटाकर मनके भी, वापिस वो समय को ना पाते,

खोया स्वास्थ्य हम पा सकते हैं,

परिश्रम से असफलता हम मिटा सकते हैं,

गया समय ना लौटकर आता,

समय जाने पर हर कोई पछताता।"

एक बार जो समय बीत गया, चला गया वो चला गया, इसलिए कबीरदास जी ने कहा है-

''काल करे सो आज कर,

आज करे सो अब,

पल में परलय होएगी,

बहुरी करेगा कब।''

समय के बारे में सुन्दर कहावत है-

> "Yesterday is a cancelled cheque
>
> Tomorrow is a promissory note
>
> Today is the cash that you have
>
> So, Encash your today."

धैर्य की ताकत

कबीरदास जी कहते हैं:-

"धीरे-धीरे रे मना,

धीरे सब कुछ होय

माली सींचै सौ घड़ा,

ऋतु आए फल होय।"

अर्थात कबीरदास जी मन को समझाते हुए कहते हैं कि हे मन ! दुनिया का हर काम धीरे-धीरे ही होता है इसलिए सब्र करो। जैसे माली चाहे कितने भी पानी से बगीचे को सींच ले लेकिन उपयुक्त ऋतु आने पर ही फूल खिलते हैं। वास्तव में बिना धैर्य आप कुछ हासिल नहीं कर सकते। धैर्य और संयम रखना ही पड़ेगा। फल हमेशा समय आने पर ही पकता है। फूल अपनी सुगंध समय आने पर ही बिखेरते हैं तो असफलताओं से मत डरो, मेहनत करते रहो। धैर्य रखो, सफलता समय आने पर अवश्य मिलेगी।

धैर्य पर '**आम की गुठलियाँ**' नाम की एक कहानी बहुत ही प्रसिद्ध है, जो मैंने इंटरनेट पर पढ़ी थी, आज आपसे साझा कर रही हूँ।

अरविंद के अंदर धैर्य की बहुत कमी थी। वह एक काम शुरू करता, कुछ दिन उसे करता और फिर उसे बीच में छोड़कर दूसरा काम शुरू कर देता। इसी

तरह उसके असमंजस में कई साल बीत गए और वह किसी भी बिजनेस में क़ामयाब नहीं हो पाया था।

उसके माँ-बाप उसकी इस आदत से बहुत परेशान थे। तभी उन्हें पता लगा कि शहर से कुछ दूर एक आश्रम में बहुत ही पहुँचे हुए महात्मा का आगमन हुआ है, जिनका प्रवचन सुनने के लिए लोग दूर-दूर से आते हैं। अरविन्द के माता-पिता भी एक दिन उसे लेकर गुरुजी के पास गए और अपनी समस्या बताई। गुरुजी ने अरविन्द को अगली सुबह-सुबह अपने पास बुलाया। वह अगली सुबह वहाँ पहुँचा तो गुरुजी उसे बगीचे में ले गए।

गुरुजी ने पूछा- **"बेटा तुम्हारा पसंदीदा फल कौन सा है ?**

अरविंद ने कहा- **"आम"**

गुरुजी ने कहा- **"वहाँ रखे बोरे से आम की कुछ गुठलियाँ लाओ और उन्हें यहाँ जमीन में गाड़ दो।"**

अरविन्द ने वैसा ही किया और वो दोनों आश्रम में आ गए। लगभग आधे घंटे बाद वे अरविन्द से बोले- **"जरा बाहर जाकर देखना उन गुठलियों से फल निकला की नहीं।"** अरविंद गया व देखा की आम की गुठली तो वैसी ही है। वह आया और बोला कि गुरुजी गुठली तो वैसी ही है। इसी प्रकार गुरुजी ने उसको चार-पाँच बार आम की गुठली को देखने के लिए भेजा।

अरविंद को अब गुस्सा आ गया और उसने कहा- **"गुरुजी, इतनी जल्दी फल कहाँ से निकल आएगा, अभी कुछ ही देर पहले तो हमने गुठली लगाई है। आपको नहीं पता कि पेड़ बनने में समय लगता है, फिर उस पर फल आते हैं। मैं तो आपको महान समझता था मगर आपको तो कुछ नहीं पता।"**

अरविंद की बात सुनकर गुरुजी मुस्कुराए और बोले- **"मैं तो समझ गया तुम कब समझोगे। जैसे पेड़ समय आने पर फल देता है ऐसे ही बिजनेस में सफलता भी तुरन्त नहीं मिलती।"**

गुरुजी की यह बात सुनकर अरविंद बहुत शर्मिंदा हुआ और गुरुजी के चरणों में गिर गया। अब उसकी समझ में आ गया था कि हर सफलता के लिए धैर्य की आवश्यकता होती है।

ब्रांडिड सोच

दोस्तो ! ज़िंदगी में आपको सफलता चाहिए, नौकरी चाहिए, पैसा चाहिए, तरक्की चाहिए तो आप मंदिर जाते हैं, मस्जिद जाते हैं, गुरुद्वारे जाते हैं, चर्च जाते हैं आदि लेकिन क्या आप कभी अपनी सोच, अपने विचारों को ब्रांडिड, सुन्दर व श्रेष्ठ बनाने के लिए मंदिर, मस्जिद, चर्च या गुरुद्वारे जाते हैं ? आप ब्रांडिड कपड़े पहनते हैं, ब्रांडिड आभूषण पहनते हैं, घर में सामान ब्रांडिड रखते हैं अच्छी बात है, बहुत अच्छी बात है मगर अगर आप सफलता पे सफलता, तरक्की पे तरक्की चाहते हैं तो सबसे ज़्यादा महत्वपूर्ण है कि आपको अपनी सोच ब्रांडिड बनानी पड़ेगी, जिससे आपकी क़िस्मत भी बदलेगी और आपके हाथों की लकीरें भी बदल जाएँगी।

किसी ने क्या खूब कहा है-

"काम करो ऐसा कि पहचान बन जाए,

हर क़दम ऐसे रखो कि निशान बन जाए,

ज़िंदगी तो हर कोई जिया करते हैं दोस्तो

मगर जिंदगी ऐसी जिओ कि मिसाल बन जाए।"

आप घड़ी चाहे रोलेक्स की पहने या टाइटन की समय वही रहेगा। गाड़ी चाहे नैनो हो या बी.एम.डब्ल्यू सड़क वही रहेगी लेकिन अगर आपकी सोच

ब्रांडिड है तो आपका समय भी बदलेगा और आपकी राहें भी बदलेगी। इस संदर्भ में एक बहुत ही सुंदर व ऐतिहासिक किस्सा है।

यह बात उन दिनों की है जब भारत पर दिल्ली सल्तनत का राज था। दिल्ली सल्तनत के महाराजा इल्तुतमिश का दरबार लगा हुआ था। उस समय दास-प्रथा जोरों पर थी। बलबन नामक एक दास को राजा के सामने लाया गया। जब वह दास सभा में उपस्थित हुआ तो उसको देखकर सभी जोर-जोर से ठहाका मारकर हँसने लगे, स्वयं राजा भी हँसने लगा। सभी को हँसता हुआ देखकर पहले तो वह चुप रहा फिर दास ने कहा- **"हे जहाँपनाह! आप किस पर हँस रहे हैं, मुझ पर या उस खुदा पर जिसने मुझे बनाया है।?"**

उसकी बात सुनकर सभा में सन्नाटा छा गया और राजा इल्तुतमिश उस दास की सोच से इतना प्रभावित हुआ कि उसको अपना मंत्री बना लिया। उस दास का समय यहीं नहीं रुका। राजा इल्तुतमिश की मृत्यु के बाद बलबन दिल्ली सल्तनत का राजा बना और ऐसा शक्तिशाली राजा बना जिसके नाम मात्र से ही दुश्मनों की रूहें काँपती थी।

बलबन ने यह साबित कर दिया कि ब्रांडिड सोच से केवल समय व राहें ही नहीं अपितु क़िस्मत भी बदल जाती है, हाथों की लकीरें भी बदल जाती हैं।

ब्रांडिड सोच वह सोच है जो आपको आगे बढ़ने के लिए बुलंद हौसले प्रदान करती है, उन्नति की तरफ ले जाती है। सकारात्मक ऊर्जा का आप में संचार करती है। हम अक्सर दूसरों में बुराइयाँ निकालते रहते हैं, मगर ब्रांडिड सोच वाला इंसान बुराइयाँ निकालने की बजाय अच्छाइयों पर ध्यान केन्द्रित करता है।

किसी ने क्या खूब कहा है-

"भला बुरा ना कोई रूप से होता है,

यह दृष्टि भेद ही है जो सब कुछ दिखलाता है

कोई कमल की कली ढूँढ़ता कीचड़ में

किसी को चाँद में भी दाग नजर आता है।"

अगर आपकी सोच ब्रांडिड है तो आपके कार्य भी ब्रांडिड होंगे। महात्मा गाँधी, महात्मा बुद्ध और मदर टेरेसा जैसी हस्तियाँ सालों बाद भी आज हमारे बीच जिंदा हैं तो केवल और केवल अपनी ब्रांडिड सोच की वजह से।

ब्रांडिड सोच जहाँ एक तरफ उन्नति की तरफ ले जाती है वहीं नकारात्मक सोच पतन की तरफ ले जाती है। अगर अपनी सोच को ब्रांडिड बनाना है तो बापूजी के तीन बंदर बन जाओ- **"बुरा मत देखो, बुरा मत सुनो व बुरा मत कहो।"** अच्छा साहित्य, अच्छी संगत, अच्छी बातों को साथ रखो, आपकी ज़िंदगी बदलेगी तो समाज की सोच बदलेगी और समाज की सोच बदलेगी तो देश बदलेगा।

के.पी.एफ व बी.पी.एफ. का सिद्धांत

ज़िंदगी में सफलता प्राप्त करने के लिए हमें के.पी.एफ. व बी.पी.एफ. के सिद्धांत को समझना पड़ेगा।

के.पी.एफ (क्या फर्क पड़ता है)।

बी.पी.एफ. (बहुत फर्क पड़ता है)।

कभी-कभी हम छोटी-छोटी बातों पर सोचते हैं कि क्या फर्क पड़ता है ? उदाहरण के तौर पर -

थोड़ी कोशिश कम कर लें- क्या फर्क पड़ता है ?

थोड़ी कम मेहनत कर लें- क्या फर्क पड़ता है ?

थोड़ा सा नशा कर लें- क्या फर्क पड़ता है ?

थोडा अश्लील साहित्य पढ़ लें- क्या फर्क पड़ता है ?

थोड़ी देर से उठ जाते हैं- क्या फर्क पड़ता है ?

थोड़ी किसी की निंदा कर लेते हैं- क्या फर्क पड़ता है ?

थोड़ा झूठ बोल लेते हैं- क्या फर्क पड़ता है ?

थोड़ा समय बर्बाद कर लें- क्या फर्क पड़ता है ?

मगर आपको सोचना पड़ेगा कि छोटी-छोटी बातों से बहुत फर्क पड़ता है।

1. कोशिश कम करने से आप मुकाम तक नहीं पहुँच सकते। कोशिश कम करने से आप अपनी मनचाही मंज़िल प्राप्त नहीं कर सकते। आप अपने सपनों को पूरा नहीं कर सकते।

2. मेहनत कम करने से फर्क पड़ता है। हो सकता है आप अपने भाग्य की रेखाओं को ना चमका सकें। हो सकता है बुलंदियों को ना छू सकें।

3. थोड़ा सा नशा कर ले, बहुत फर्क पड़ता है। ज़िंदगी बर्बाद हो जाती है, ज़िंदगी खत्म हो जाती है। आपके साथ वह कहावत चरितार्थ हो जाएगी- धोबी का कुत्ता घर का ना घाट का।

4. थोड़ा अश्लील साहित्य पढ़ लेते हैं, बहुत फर्क पड़ता है। यह आपको मानसिक रूप से निर्बल कमजोर बनाता है, आपकी आत्मा को अपवित्र करता है। आपको अपने लक्ष्य व मंज़िल से भटका देता है।

5. थोड़ा देर से उठ जाते हैं- बहुत फर्क पडता है आपका हर काम अव्यस्थित हो जाता है।

6. थोड़ी किसी की निंदा कर लेते हैं- बहुत फर्क पड़ता है। धीरे-धीरे दूसरों की बुराइयाँ बार-बार दोहराने से हमारे अंदर आने लगती हैं। हमारे अंदर अवगुणों का विस्तार होने लगता है। हमें पता ही नहीं लगता कि धीरे-धीरे हम ज़िंदगी में कब नकारात्मक हो जाते हैं।

7. थोड़ा झूठ बोल लेते हैं- बहुत फर्क पड़ता है। आपका दिमाग नकारात्मकता की ओर चल पड़ता है।

इसी तरह ज़िंदगी में हमें ऊँची उड़ान भरने के लिए छोटी-छोटी बातों पर बहुत ध्यान देने की आवश्यकता है।

मुस्कुराहट के मोती

प्रत्येक इंसान के लिए सफलता के अलग-अलग मायने होते हैं। कोई पैसा कमाने को सफलता मानता है, कोई सामान्य जीवन व्यतीत करते हुए दिन-रात समाज सेवा या देश सेवा को अपनी सफलता मानता है, कोई अपने विशिष्ट लक्ष्य प्राप्ति को सफलता मानता है वगैरह-वगैरह लेकिन एक बहुत जरूरी बात यह है कि अगर हम ज़िंदगी में सफलता प्राप्त करना चाहते हैं तो हमारी मुस्कुराहट, हमारी एक बहुत अच्छी दोस्त साबित हो सकती है।

किसी ने क्या खूब कहा है-

"छू ले आसमाँ जमीं की तलाश न कर

जी ले ज़िंदगी खुशी की तलाश न कर

तकदीर बदल जाएगी ख़ुद ही मेरे दोस्त

मुस्कुराना सीख ले वजह की तलाश न कर।"

दैनिक जीवन में हम सब हमेशा यह अनुभव करते हैं कि एक मुस्कराता हुआ चेहरा, एक खिले फूल की तरह न केवल ख़ुद को रोमांचित करता है, अपितु वह दूसरे को भी बहुत ही मनमोहक व आकर्षक लगता है। वह हँसता हुआ चेहरा सामने वाले में भी ऊर्जा का संचार करता है, सकारात्मकता का संचार करता है। अगर अभी तक आपने सफलता प्राप्त नहीं की है और असफलता की दौड़ में शामिल हैं तो आपकी मीठी हँसी व मुस्कान से आपका रास्ता

बहुत ही छोटा व आसान हो जाएगा व अगर सफल हो गए हैं तो आपकी सफलता और बढ़ जाएगी। मुस्कराहट वो मोती है जिसको खरीदने के लिए कोई पैसा नहीं लगता है। बैंक या साहूकार से कोई लेन-देन का चक्कर नहीं है यह तो आपके हाथों की कठपुतली है। आप में सकारात्मकता का संचार करती है, दूसरों का दुःख हरती है। एक मीठी मुस्कान में लाखों का दिल जीतने की क्षमता है। मगर आपकी सबसे बड़ी सफलता तब है जब आप हर एक परिस्थिति में मुस्कराने की क्षमता रखते हैं।

ज़िंदगी में गम, संघर्ष, विफलताएँ किसके रास्ते में नहीं आती हैं? अगर किसी कारणवश आपका दिल भी टूटे, सपने भी टूटे, ख्वाब भी टूटे और रिश्ते भी रूठे, अगर तब भी मुस्कराने की हिम्मत रखते हो तो समझो, आपके सफल होने की संभावनाएँ अभी भी बाकी हैं। चार्ली चैपलिन ने एक बार कहा था- **"इस दुनिया में परेशान कौन नहीं है। सभी को एक-दूसरे की थाली में घी ज़्यादा लगता है। अगर सभी को अपना दुःख बदलने का विकल्प दिया जाए तो सभी अपना-अपना दुःख उठाकर चल देंगे।"**

इसलिए दोस्तो, संघर्षों व असफलताओं में भी हँसते रहो, मुस्कराते रहो। अपने व अपनों की सफलता के लिए मीठी मुस्कान लबों पर लाते रहो।

किसी ने क्या खूब कहा है-

"एक शौक बेमिसाल रखा करो

हालात कैसे भी हों बदल ही जाएँगे

अपने चेहरे पर हमेशा मुस्कान रखा करो।"

अध्याय-3

संघर्षों व असफलताओं से जंग

कई बार जब हम अपनी मंज़िल को प्राप्त करने की तरफ प्रथम क़दम बढ़ाते हैं तो हमारे अंदर जोश भी होता है, ज़ुनून भी होता है, लक्ष्य निर्धारण भी होता है और आत्मविश्वास भी, मगर जब हमारा सामना संघर्षों व असफलताओं से होता है तो हमारा आत्मविश्वास टूटने लगता है, जोश और ज़ुनून खत्म होने लगते हैं, हम धैर्य खोने लगते हैं और ज़िंदगी हमें नीरस भी लगने लगती है। हमारे दिमाग में नकारात्मक विचार आने लगते हैं कि नहीं यह सब करना मेरे बस की बात नहीं, यह तो असंभव है। कई बार इंसान इन परिस्थितियों में डिप्रेशन का भी शिकार हो जाता है और मंज़िल प्राप्त करने की बजाए हाथ लगती है तो सिर्फ निराशा।

मगर अगर आप ज़िंदगी में सफलता प्राप्त करना चाहते हो तो आपको कठोर मेहनत के साथ-साथ संघर्षों व असफलताओं से लड़ना भी सीखना होगा। धैर्य रखना सीखना होगा, अग्निपथ पर चलना सीखना होगा। हमें ज़िंदगी में हमेशा जीत का ही सेहरा नहीं मिलता है, असफलताएँ भी मार्ग में आती हैं। ये असफलताएँ व संघर्ष राह में चलते इंसान के सामने अवरोधक का काम करते हैं। जितनी शांति से आप अपनी ज़िंदगी रूपी गाड़ी के पहिए से उस अवरोधक को पार करोगे, उतना ही अच्छा होगा।

इंसान की ज़िंदगी में उतार-चढ़ाव का चक्र चलता रहता है, मगर सीप के मुँह से मोती केवल वही निकाल सकता है, जो उन उतार-चढ़ावों में भी ख़ुद को विचलित नहीं होने देता, जो गिरने पर भी स्वयं के आत्मविश्वास से उठ खड़ा होता है, असफलता को ज़िंदगी में केवल एक ज्वार-भाटे की तरह लेता है, जो बाधाओं से विचलित हो गया, वह शेर के मुँह से ख़ुद को कैसे बचाएगा ?

"हम होंगे क़ामयाब" का पूर्ण विश्वास भरा जज़्बा आपके जीवन रूपी पहिए की गति को रुकने नहीं देगा। "संघर्षों व असफलताओं का साहस के साथ डटकर मुकाबला करने के परिणाम बहुत ही चमत्कारिक व चौंकाने वाले होते हैं जिसकी आप कल्पना भी नहीं कर सकते।"

कन्फयूशियस ने कहा है-

"महानता कभी न गिरने में नहीं है बल्कि महानता तो हर बार गिरकर उठ जाने में है।"

हर रोज सुबह जंगल में **शेर** बहुत ही तेज गति से भागता है ताकि वह अपने शिकार, हिरण को आराम से पकड़ सके और भूखा ना रहे। हिरण भी बहुत तेज गति से भागता है ताकि वह **शेर** से अपनी ज़िंदगी को बचा सके। **फर्क नहीं पड़ता कि आप शेर हैं या हिरण, कमजोर हैं या शक्तिशाली, ज़िंदगी जीतने के लिए आपको संघर्ष तो करना ही पड़ेगा।** जो इंसान ज़िंदगी में बुलंदियों को छूना चाहता है, उसको तो संघर्षों से लड़ने के लिए एक नहीं अनेकों संघर्षों से भरे रास्तों से गुजरना ही पड़ेगा। जो इस परीक्षा में पास हो जाता है, वही बुलंदियों तक पहुँचता है और जो इनसे घबराकर अपनी मंज़िल को छोड़ देता है, वह कभी सफलता हासिल नहीं कर सकता।

किसी ने क्या खूब कहा है-

"बीतेगा ये दौर और वो दौर भी बीत जाएगा।

संघर्ष की इस आँधी के बाद एक नया सवेरा आएगा

डटे रहना मैदान में चाहे कितना भी संघर्ष हो

एक दिन ये जमाना तुम्हारे गीत अवश्य गाएगा।"

बाज की तरह बनो

कभी-कभी एक पक्षी भी इंसान को बहुत कुछ सीखा देता है। एक ऐसी ही कहानी है- **पक्षीराज बाज** की जो इंसान को संघर्षों से लड़ने की ताकत व प्रेरणा देता है। आज आप पढ़ेंगे बाज पक्षी का एक ऐसा सच जो आपको प्रेरणा देगा। बाज एक बहुत ही ताकतवर पक्षी होता है। उसकी तीन मुख्य विशेषताएँ होती हैं-

1. **पंजे**:- उसके पंजे बहुत ही धारदार होते हैं जो शिकार पकड़ने में उसकी मदद करते हैं।

2. **नुकीली चोंच**:- चोंच बहुत ही नुकीली होती है और भोजन खाने में पक्षीराज की मदद करती है।

3. **पंख**:- उसके पंख बहुत ही विशाल होते हैं जो उसको एक ऊँची व भव्य उड़ान प्रदान करते हैं।

विशाल पंख, नुकीली चोंच व धारदार पंजे उसे घातक शिकारी बनाते हैं मगर समय का चक्र किसी के साथ नहीं रुकता, 40 वर्ष की आयु में बाज बूढ़ा होने लगता है। उसकी ताकत कम होने लगती है। तलवार की धार से भी तेज पंजे अब अपनी धार खोने लगते हैं, जिससे शिकार पकड़ने में बाज को दिक्कत आने लगती है। नुकीली चोंच लचीली हो जाती है और मुड़ जाती है, जिससे उसे भोजन निगलने में दिक्कत आने लगती है। उसके विशाल पंख अब और

विशाल हो जाते हैं तथा आपस में चिपकने लगते हैं और उसे उड़ने में दिक्कत आने लगती है।

अब पक्षीराज के पास तीन विकल्प होते हैं-

1. या तो वह हार स्वीकार कर ले और शरीर छोड़ दे।
2. या अपनी प्रवृत्ति छोड़, गिद्ध की तरह त्यागे हुए भोजन पर निर्भर रहे।
3. या ख़ुद को पुनः स्थापित करे और फिर चुने एक संघर्षों से भरा हुआ रास्ता जिसमें हो सकता है, उसका पुनर्जन्म और मिल सकती है, पहले से भी भव्य व ऊँची उड़ान।

मगर पक्षीराज हार नहीं मानता। वह **आकाश का बादशाह**, पीड़ा चुनता है और चल पड़ता है, एक संघर्ष भरे रास्ते पर, जहाँ वह 150 दिनों का अति दर्दनाक सफर तय करता है। सबसे पहले वह पत्थर पर अपने पंजों को मार-मारकर तोड़ देता है और फिर नए पंजे आने की प्रतीक्षा करता है। जब नए पंजे आ जाते हैं तब वह अपनी चोंच, जो कि उसको बहुत ही प्रिय होती है को पत्थर पर पटक-पटक कर तोड़ देता है और अपनी नई चोंच आने का इंतजार करता है। जब उसकी नई चोंच आ जाती है तब वह अपने पंखों को जो कि उसकी शान है, निकालकर फेंक देता है और उनके पुनः आने का इंतजार करता है।

पक्षीराज कई हफ्ते बिना कुछ खाए-पीए लहुलुहान व घायल हालत में ज़िंदगी की एक-एक साँस के लिए लड़ता है। लगभग 5-6 महीने के संघर्ष के बाद समय बदलता है और अब बारी है बाज के संघर्ष व तपस्या के परिणाम की। बाज को फिर से नवजीवन मिलता है। वह फिर से अपने तेजधार पंजे, नुकीली चोंच व विशाल पंखों के साथ उठ खड़ा होता है और अब

उसको संघर्षों के बाद मिलती है- **"पहले से भी कहीं ऊँची व भव्य उड़ान।"** बादशाह अपने पुनर्जन्म के बाद पुनः 30 साल तक पूरी ऊर्जा, सम्मान व गरिमा के साथ जीता है। इस प्रकार बाज पूरे 70 वर्ष जीता है।

कभी-कभी हमारी ज़िंदगी में भी ऐसे ही ठहराव आ जाता है, हम आलसी हो जाते हैं, हमारी ऊर्जा का स्तर कम होने लगाता है या तनाव में आ जाते हैं और हालात से समझौता कर लेते हैं। जो समझौता नहीं करते और बाज की तरह संघर्ष करते हैं वो ज़िंदगी की जंग जीत जाते हैं। आपको ज़िंदगी की जंग को जीतना है, संघर्षों व तूफानों से घबराना नहीं है।

"दुनिया उसी को सलाम करती है, जो अपने कलाम ख़ुद लिखता है।"

कोई एक दिन में डॉ. अब्दुल कलाम नहीं बना, एक दिन में महाराणा प्रताप नहीं बना, एक दिन में सुभाष चंद्र बोस नहीं बना, एक दिन में रामानुजम नहीं बना, एक दिन में माइकल जैक्सन नहीं बना, एक दिन में अमिताभ बच्चन नहीं बना, एक दिन में उसेन बोल्ट नहीं बना, एक दिन में हिमा दास या मैरी कॉम नहीं बना और एक दिन में आइंस्टीन नहीं बना। अपने असली मुकाम को हासिल करने के पीछे इन हस्तियों का न जाने कितने ही वर्षों का संघर्ष छुपा है। संघर्ष से लड़ते हुए ही महाराणा प्रताप अपनी ज़िंदगी में महान बने।

कहते हैं-

"अकबर जीत कर भी हार गया

महाराणा प्रताप हार कर भी जीत गया।"

संघर्षों को अपनी कमजोरी मत बनाओ। संघर्षों से ताकत आती है। संघर्ष ज़िंदगी की कहानी का एक हिस्सा है।

कवि जगदीश गुप्त ने क्या खूब लिखा है-

"सच हम नहीं, सच तुम नहीं,

सच है सतत् संघर्ष ही,

संघर्ष से हटकर जिए तो क्या जिए,

हम या कि तुम।"

भगवान के पास, प्रकृति के पास आपके दर्द का उद्देश्य है। आपके जीवन के संघर्ष का कारण है और आपकी वफादारी के लिए ईनाम भी है। संघर्ष के समय अपना कर्म पूर्ण निष्ठा से करो। सफलता प्राप्त करने वाले इंसानों ने हार, पीड़ा, संघर्ष, हानि और उन गहराइयों से अपना रास्ता निकाला है, जहाँ से सामान्य लोग झाँकने में भी खौफ खाते हैं। ज़िंदगी का दूसरा नाम संघर्ष है, जिसने संघर्ष करना छोड़ दिया, वह मृतप्राय है। यह संघर्ष ही है जो हमें निखार रहा है, हमें हर वक्त, हर पल अधिक शक्तिशाली व अनुभवी बना रहा है।

कुदरत आपकी ताकत व धैर्य क्षमता को मापने के लिए संघर्षों को आपके रास्ते में खड़ा करती है। कुदरत से जंग में आप जितने क़ामयाब होंगे, सफलता आपके उतने ही क़दम चूमेगी। कुदरत आपकी सहयोगी बन जाएगी। राजा हरिश्चंद्र ऐसे ही सत्यवादी राजा हरिश्चंद्र नहीं कहलाए, राम ऐसे ही मर्यादा पुरुषोत्तम राम नहीं कहलाए, संघर्षों के बाद ही वो पूजे गए। महात्मा गाँधी व महात्मा बुद्ध सभी ने अनेक संघर्षों के बाद ही शिखर को छुआ। सूर्य पुत्र शनिदेव ऐसे ही शनिदेव नहीं बने। उन्हें बचपन से ही संघर्षों व अत्याचारों को सहना पड़ा क्योंकि सभी देवताओं का मत था कि अगर वो संघर्षों से नहीं भिड़ेगा तो कर्म का देवता कैसे बनेगा। कुदरत आपका इम्तिहान लेकर देखना चाहती है कि आप कहाँ तक पहुँच सकते हो, इसलिए संघर्षों से डरो नहीं, लड़ो। सफलता आपके कदमों में होगी।

"उसने सैलाब की तस्वीर बना भेजी थी,

उसी कागज से मगर नाव बना दी हमने।"

(अज्ञात)

क्यों डरें ?

किसी ने क्या खूब कहा है-

"ये धूप, ये पत्थर, ये काँटे

इनसे कैसा डरना

राहें मुश्किल हो जाएं

तो छोड़ी थोड़ी जाती हैं।"

जीवन बहुत ही गतिशील है। जय-पराजय, हार-जीत, लाभ-हानि, मान-अपमान, यश-अपयश, ये सभी प्रत्येक मनुष्य की ज़िंदगी के अंग हैं। प्रकृति भी चलायमान है। जैसे बसंत के बाद पतझड़ आती है, रात के बाद दिन निकलता है, अंधेरे के बाद प्रकाश फैलता है, नदियाँ कभी कलकल करके बहती हैं, तो कभी बाढ़ का सामना करना पड़ता है। असफलता-सफलता का रहस्य भी इन्हीं घटनाओं से जुड़ा हुआ है। जीवन में सफलताएँ और असफलताएँ एक-दूसरे की पूरक हैं। कहते हैं असफलता, सफलता की कुंजी है और सफलताओं का बड़ा खजाना असफलताओं में ही छुपा हुआ है। आज तक न जाने कितनी ही महान हस्तियों ने सफलता का स्वाद चखा है, मगर इसका मतलब यह नहीं है कि कभी उन्होंने असफलता का मुँह ही नहीं देखा। ज़िंदगी में न जाने, कितनी ही असफलताओं का सामना करके निरंतर लम्बे संघर्ष के बाद सफलताओं ने उनका दामन भरा। नर को असफलता मिलने के बाद निराश नहीं होना चाहिए क्योंकि सफलता-असफलता का चोली-दामन

का साथ है। असफलताओं के घोर अंधकार को आप अपने पुरुषार्थ व धैर्य के बल पर सफलता के प्रकाश में बदल सकते हो।

जब मानव सफलता की सीढ़ी पर चढ़ने के लिए कर्तव्य पथ पर चलने लगता है तो उसके रास्ते में अनगिनत बाधाएँ मुँह बाँए खड़ी हो जाती हैं। इन बाधाओं से घबराकर इंसान हार मान लेता है और असफलता को ही अपना भाग्य मान लेता है। या तो नकारात्मक सोच रखते हुए आप असफलताओं के सामने हथियार डाल दो, बुलंदियों को छूने के कपाट (द्वार) हमेशा-हमेशा के लिए बंद कर दो या जीत की भावना रखते हुए पुनः उठकर खड़े हो जाओ, उन असफलताओं से दो-दो हाथ करो और उन असफलताओं को रौंदते हुए, कुचलते हुए, मसलते हुए विजय की तरफ बढ़ चलो। यह बुलंदियों को छूने का गूढ़ मंत्र है।

किसी ने क्या खूब कहा है-

"गम मेरे साथ, बड़ी दूर-दूर तक गए

मुझको ना आई थकान, बेचारे गम थक गए।"

अगर मंज़िल पर चलते हुए आपने असफलताओं को थका दिया तो एक दिन वो स्वयं ही आपके रास्ते से हट जाएँगी और अगर आप थक गए तो आपको थका देंगी और आप अपने भाग्य को कोसते रह जाओगे।

मेरे जीवन की असफलताएँ-

मैंने भी अपना करियर बनाने के समय बहुत सी असफलताओं का सामना किया।

- **दिसम्बर, 2001** –NET (National Eligibility Test) की परीक्षा में अनुत्तीर्ण हुई।

- **जून, 2002** – NET (National Eligibility Test) की परीक्षा उत्तीर्ण की।

- **दिसम्बर, 2002** – HPSC (हरियाणा पब्लिक सर्विस कमीशन) द्वारा कॉलेज कैडर की लेक्चरर के लिए की गई भर्ती में इंटरव्य में अनुत्तीर्ण रही।

- **2003-** पुनः HPSC द्वारा कॉलेज कैडर की लेक्चरर के लिए की गई भर्ती में इंटरव्यू में अनुत्तीर्ण हुई।

- **2004-** दिसम्बर, 2004 में HPSC द्वारा आयोजित HCS "Haryana Civil Services" के मुख्य परीक्षा में उत्तीर्ण होने के बाद लिए गए इंटरव्यू में अनुत्तीर्ण।

- **2005-** RAS, राजस्थान एडमिनिस्ट्रेटिव सर्विसेज की मुख्य परीक्षा में राजस्थान सामान्य ज्ञान में कम नम्बर आने की वजह से कुछ अंकों से अनुत्तीर्ण।

- **2005-** I.A.S. भारतीय प्रशासनिक सेवा की प्रारंभिक परीक्षा में ही अनुत्तीर्ण।

- **2006-** I.A.S., 2006 की प्रारंभिक परीक्षा में पुनः अनुत्तीर्ण।

करियर की लगातार सात-आठ असफलताओं ने जैसे मुझे हताश सा कर दिया था मगर मैंने हार नहीं मानी। मैंने मेहनत करना नहीं छोड़ा और उसी मेहनत का परिणाम मुझे 2006 में तब मिला, जब HPSC(हरियाणा पब्लिक सर्विस कमिशन) द्वारा कॉलेज कैडर में भूगोल की प्राध्यापिका के रूप में मेरा चयन हुआ।

आज उन्हीं असफलताओं से प्रेरणा लेकर मैंने अपना प्रेरणादायी यू-ट्यूब चैनल शुरू किया है। उन्हीं असफलताओं से प्रेरणा लेकर आप सभी को आत्मविश्वास जगाने की प्रेरणा देने के लिए मैं यह पुस्तक लिख रही हूँ। अगर मुझे ये असफलताएँ नहीं मिलती तो शायद मैं यह सब नहीं कर पाती।

असफलताओं को दूर करने वाला क़दम-

जब भी कभी हमें शारीरिक रूप से कोई परेशानी सर्दी, जुकाम, बुखार होता है तो हमें काढ़ा पीने की सलाह दी जाती है, दवाइयाँ दी जाती है ताकि हम उन बीमारियों से निजात पा सके। इसी तरह हमें अपनी असफलताओं को जीवन में बीमारियों की तरह लेना चाहिए, जो आती हैं और चली जाती हैं। आपकी भयंकर से भयंकर बीमारी भी आपके आत्मविश्वास व दृढ़-निश्चय के सामने ठहर नहीं पाती। इसी तरह का एक काढ़ा असफलताओं को दूर करने का है। जिन भी महान हस्तियों ने इस काढ़े को पीया है, उन सबने बुलंदियों को छुआ है। असफलता दूर करने का चूर्ण बनाओ, उसको घोंटकर, उसका काढ़ा बनाकर पी जाओ और असफलता से छुटकारा पाओ।

इस चूर्ण के संघटक हैं-

1. सकारात्मक सोच
2. अवसाद पर जीत
3. आत्मविश्वास की पुनः प्राप्ति
4. कोशिशें
5. धैर्य

इन संघटकों का मिश्रण आपकी असफलताओं को धीरे-धीरे सफलताओं में तबदील कर देगी, बस जरूरत है तो धैर्य बनाए रखने की।

किसी ने क्या खूब कहा है-

"रख हौसला वो मंजर भी आएगा

प्यासे के पास चल के समंदर भी आयेगा।

थक कर ना बैठ ए-मंज़िल के मुसाफिर

मंज़िल भी मिलेगी और मिलने का

मजा भी आएगा।"

सकारात्मक सोचः-

सकारात्मक सोच एक ऐसा टॉनिक है जो मृतप्राय इंसान के जीवन में प्राणों का संचार कर दे। अगर ज़िंदगी में आपके सामने असफलताएँ आती हैं और आप सकारात्मकता से उनका मुकाबला करते हैं तो आप कभी भी मंज़िल से पीछे नहीं हटेंगे।

एक प्रेरणादायी पुस्तक में मैंने पढ़ा था- **"अगर आपको ज़िंदगी में नींबू मिले, तो आप नींबू का शरबत बना लें।"**

हर महान आदमी यही करता है परंतु मूर्ख इसका बिल्कुल उल्टा करता है। अगर उसे ज़िंदगी में नींबू मिलता है, तो वह हार मान लेता है और कहता है, मैं हार चुका हूँ। मेरी तकदीर ही खराब है। मैं किसी तरह सफल नहीं हो सकता। फिर वह दुनिया को दोष देने लगता है परंतु जब समझदार आदमी को नींबू मिलता है तो वह ख़ुद से कहता है, मैं इस दुर्भाग्य से क्या सबक सीख सकता

हूँ ? मैं किस तरह अपनी स्थिति सुधार सकता हूँ ? मैं किस तरह इस नींबू को नींबू के शरबत में बदल सकता हूँ।

महान् मनोवैज्ञानिक अल्फ्रेड एडलर ने बताया कि इंसान में एक आश्चर्यजनक शक्ति है- ''नकारात्मकता को सकारात्मकता में बदलने की शक्ति।''

ज़िंदगी में ये दो पंक्तियाँ जरूर याद रखो-

''दो लोगों ने जेल की सलाखों के पीछे से देखा,

एक ने कीचड़ देखा, दूसरे ने सितारे।''

''सबसे अच्छी चीजें सबसे कठिन होती हैं।'' ग्रीक दार्शनिकों ने ईसा मसीह के पैदा होने से 500 वर्ष पहले यह बात बताई।

'ट्वेल्व अर्गेस्ट द गॉड्स' के लेखक स्वर्गीय विलियम बोलियों ने कहा है- **''अच्छी चीजों का लाभ उठाना ज़िंदगी में सबसे महत्वपूर्ण बात नहीं है। मूर्ख व्यक्ति भी कर सकता है। असली महत्व की बात तो यह है कि आप अपने नुकसानों से लाभ उठा सकें। इसमें बुद्धि की जरूरत होती है और इसी से मूर्ख और समझदार के बीच का फर्क समझ में आता है।''**

अल स्मिथ (अमेरिकी राजनेता) कहते हैं- **'अपनी कमजोरियों को ही अपना हुनर बनाओ।'**

महान उपलब्धि हासिल करने वाले सफल व्यक्तियों के जीवन का यदि अध्ययन करते हैं तो पता लगता है कि उनमें से अधिकांश इसलिए सफल हुए क्योंकि उनकी राह में ऐसी बाधाएँ थी जिन्होंने उन्हें महान प्रयास करने और महान पुरस्कार हासिल करने के लिए प्रेरित किया। जैसा विलियम जेम्स ने कहा था- ''हमारी कमजोरियाँ ही अप्रत्याशित रूप से हमारी मदद करती हैं।''

चार्ल्स डार्विन ने कहा- **"अगर मैं इतना अशक्त नहीं होता तो इतना अधिक काम नहीं कर पाता, जितना मैंने किया है।'**

हमारी सबसे बड़ी समस्या है- सही विचार चुनना। रोमन साम्राज्य पर शासन करने वाले महान् दार्शनिक मकिस ऑरेलियस ने कहा था- **"आठ शब्द है जो आपकी क़िस्मत बना सकते हैं, हमारे विचारों से ही हमारी ज़िंदगी बनती है।"**

अवसाद/डिप्रेशन पर जीतः-

कभी-कभी असफलताओं का डर, इंसान को अवसाद की तरफ ले जाता है और निराशा व अवसाद, उस मनुष्य पर इतने हावी हो जाते हैं कि वह मनुष्य अपनी ज़िंदगी को नरक समझने लगता है। उसे लगता है कि अब मेरी ज़िंदगी किसी काम की नहीं और वह आत्महत्या जैसे खतरनाक रास्ते को चुनता है।

दोस्त ! आत्महत्या किसी समस्या का समाधान नहीं है। यह तो अपने व अपनों के साथ धोखा है। तुम अपने परिवार, अपने समाज व अपने देश का नायाब तोहफ़ा हो। सिर्फ एक असफलता के पीछे इतने खतरनाक रास्ते का चयन क्यों ?

सफलता-असफलता का चक्र तो सदियों से चलता आ रहा है और चलता रहेगा मगर आपको यह मानव जीवन केवल एक बार मिला है, उसको यूँ सस्ते में ना गँवाओ। ज़िंदगी में सुनहरा अवसर कोई एक बार नहीं, कई बार मिलता है, बस अपनी काबिलियत पर विश्वास रखो। **आपकी मार्कशीट, आपका एग्जाम स्कोर आपकी ज़िंदगी से तो बढ़कर नहीं।** क्या हुआ अगर असफल हो गए, ज़िंदगी आपको अन्य कई अवसर प्रदान करेगी, अपनी ज़िंदगी बचाकर तो रखो, अपनी ज्वाला को बुझने मत दो।

अवसाद पर काबू कैसे पाएँ-

यहाँ मैं उन सभी उपायों को आपके सामने वर्णित कर रही हूँ जो उपाय मैंने अपनी असफलताओं के समय ज़िंदगी के तनाव को दूर करने के लिए किए।

1. प्रतिदिन डायरी लिखना
2. अपने दिल की बातें शेयर करना,
3. अच्छे दोस्त रखना,
4. अपने परिवार में खुश रहना व मिलजुल कर रहना,
5. ख़ुद पर विश्वास रखना,
6. हमेशा चेहरे पर एक सुन्दर मुस्कान रखना।

कोशिश:-

असफलता से लड़ना है तो लगातार कोशिश करते रहें। आपकी कोशिशें आसमान से बड़ी व **समुंद्र** से भी गहरी होनी चाहिए।

''लहरों से डरकर नौका पार नहीं होती, कोशिश करने वालों की कभी हार नहीं होती।''

जब भी असफलता मिले आप यह सोचें कि परिस्थितियाँ हमेशा अपने अनुकूल नहीं होती। हमें बाधाओं और मुश्किलों का सामना करना ही होगा। **निर्भीकता एक विजेता का सबसे पहला गुण है और बाकी सभी अच्छे गुणों का यह गुण जन्मदाता भी है।** जो परिस्थितियों का गुलाम बन गया, उनके हाथों की कठपुतली बन गया, वह इंसान ज़िंदगी में कभी भी आगे नहीं बढ़ पाऐगा। परिस्थितियों के मालिक बनो। जैसी परिस्थितियाँ आए उनके

अनुसार ख़ुद को ढाल लो। परिस्थितियाँ आपका कुछ नहीं बिगाड़ पाएँगी। अनुकूल परिस्थितियाँ अगर आपको बुलंदियों तक पहुँचाती हैं तो विपरीत परिस्थितियाँ भी आपको और मजबूत बनाती है, संघर्षों व असफलताओं को सहना सिखाती हैं, बस जरूरत है धैर्य रखने की व पुनः कोशिश करने की।

चाणक्यः- **"यदि आप किसी काम में सफल होना चाहते हैं तो कभी भी कोशिश करना ना छोड़े क्योंकि लगातार कोशिश करने से ही आपको सफलता मिलती है।"**

अध्याय-4

पथ के काँटे

प्रथम अध्याय में हमने उन भ्रांतियों का अध्ययन किया जिनमें उलझकर आप सब काबिलियत होने के बावजूद अपनी मंज़िल से दूर हट जाते हैं। भ्रांतियाँ ही नहीं अपितु कुछ पथ के काँटे भी हैं जिनको हमें ज़िंदगी से उसी तरह उखाड़ फेंकना होगा जैसे खेत से खरपतवार को उखाड़ कर फेंक देते हैं। यह खरपतवार अगर आपकी ज़िंदगी में रही तो आपको बुलंदियों तक पहुँचने ही नहीं देगी और अगर सफलता प्राप्ति के बाद आपकी ज़िंदगी में ये काँटे पुनः उगते हैं तो आपकी सफलता को पनपने नहीं देगें, स्थाई नहीं रहने देंगे और सफलता का जो पहाड़ आपने खड़ा किया था वो भुरभुरा कर गिर जाएगा। ये पथ के काँटे आपको शारीरिक, मानसिक, सामाजिक व आर्थिक अर्थात् हर एक तरीके से निर्बल बना देंगे और आपकी ज़िंदगी आपके लिए ज़िंदगी न रहकर एक ऐसी पगडंडी के समान बन जाएगी, जहाँ एक तरफ मुड़े तो कुआँ व दूसरी तरफ मुड़े तो खाई। अगर बुलंदियों को छूना है तो नकारात्मक बातों को आपको अपनी ज़िंदगी से तिलांजलि देनी होगी, भूलकर भी उनका भोगी नहीं बनना होगा।

हमारे चारों तरफ एक आभामण्डल (ओरा) बना होता है। अगर आप नकारात्मक सोचते हैं तो वह नकारात्मकता को ग्रहण करेगा और सकारात्मक सोचेंगे तो सकारात्मक चीजें ही हमसे टकराएगी इसलिए हमेशा अच्छे दोस्त बनाइए, अच्छी संगत में रहें, भोजन उतना ही करें जितना जीने के लिए जरूरी

है, नींद उतनी ही लें जितनी स्वास्थ्य के लिए जरूरी है। आराम उतना ही करना जितना स्वास्थ्यवर्धक है। योगा, ध्यान, प्राणायाम से स्वयं की इंद्रियों को इतना जागृत करें कि आपकी सोई हुई कुण्डलियाँ जागृत हो जाएं।

नशा : मीठा जहर

किसी ने क्या खूब कहा है-

"नशे की लत जो जारी है

यह बहुत ही अत्याचारी है,

मेले लगे हैं श्मशानों पर

आज इसकी तो कल उसकी बारी है।"

2019 में एक खबर पढ़ी -**उड़ता पंजाब की तर्ज पर उड़ता हरियाणा।** तथ्य बहुत ही चौंकाने वाले व रोंगटे खड़े करने वाले थे। 10-12 साल के बच्चे भी इस दलदल में फँसते जा रहे हैं। भारत ही नहीं अपितु पूरी दुनिया में युवाओं ही हालत नशे की वजह से बेहाल है। शराब, अफीम, गांजा न जाने किन-किन रूपों में युवा नशे का शिकार हो रहे हैं।

युवा व बच्चे हमारे देश के कर्णधार हैं। जिस देश का बचपन ही कुम्हला जाए, जिस देश की जवानी नशे में चूर हो जाए, भला उस देश के परिवार और समाज कैसे प्रगति करेंगे !

अगर आप अपनी ज़िंदगी में सफल होना चाहते हैं तो आपको इस दलदल से ख़ुद को दूर रखना होगा। बुलंदियों को छूने के मार्ग में नशा एक बहुत ही बड़ी बाधा है। यह तो एक ऐसी बीमारी है जो सफल इंसान को नरक के गड्ढ़े में डाल देती है, फिर बुलंदियों की तरफ बढ़ते कदमों को ये कैसे बढ़ने देगी। अगर

आपमें दृढ़-निश्चय है तो यह लत आपको छू भी नहीं सकतीं। अगर गलती से किसी में यह थोड़ी बहुत आदत है, तब भी आपमें इतनी ताकत है कि इस बुराई पर बहुत आसानी से आप विजय प्राप्त कर सकते हैं। अपनी इंद्रियों को वश में करने की आदत डालो, उनके गुलाम मत बनो।

इतिहास इस बात का साक्षी है कि नशे के मकड़जाल में तो बड़ी-बड़ी संस्कृतियाँ नष्ट हो गई हैं। नंदवंश के अंत के कारणों में एक बहुत बड़ा कारण यह भी था कि नंदवंश का राजा धनानंद सुरा व सुंदरी का बहुत बड़ा शौकीन था। चाणक्य ने उसकी इसी कमी का फायदा उठाते हुए चंद्रगुप्त के साथ मिलकर नंदवंश का नाश किया व मौर्यवंश की स्थापना की।

नशा एक ऐसी दीमक है जो आपको हर तरीके से खोखला कर देगी। नशे की वजह से धीरे-धीरे हमारा नर्वस सिस्टम काम करना बंद कर देता है, शरीर साथ छोड़ने लगता है, फिर भला तुम सफलता की कामना कैसे कर सकते हो। नशे के भ्रम को तोड़ डालो। अपने असली वजूद को पहचानो। आप अपने परिवार की अमूल्य धरोहर हैं, आपके माँ-बाप की हजारों-लाखों मन्नतों के बाद आपका जन्म हुआ है, नशे में पड़कर अपनी ज़िंदगी को मत उजाड़ो। बुलंदियों की तरफ क़दम बढ़ाओ। **अगर तुम्हें नशा ही करना है तो बुलंदियों को छूने का नशा करो, जोश, ज़ुनून का नशा करो, आत्मविश्वास का नशा करो, दृढ़ निश्चय का नशा करो, सपनों को पूरा करने का नशा करो। देखना आपकी ज़िंदगी एक़दम बदल जाएगी।** आप फर्श से अर्श तक पहुँच जाएँगे। आपकी सफलता की तूती चारों तरफ बजेगी। आपके सपने सच हो जाएँगे।

आलस्य व निद्राः सफलता के शत्रु

एक प्रसिद्ध चाणक्य सूत्र (184 में)-

आलसी व्यक्ति को न इस संसार में सुख प्राप्त होता है और न ही परलोक में। आलसी व्यक्ति को न तो वर्तमान में और न ही भविष्य में सफलता का सुख प्राप्त हो सकता है। हमारे संस्कृत साहित्य में भी आलस्य के बारे में एक बहुत ही सुंदर श्लोक है-

"आलस्यं हि मनुश्याणां शरीरस्थों महान् रिपुः

नास्त्युद्यमसमो बंधुः कृत्वा यं नावसीदति।"

अर्थात् मनुष्य का आलस्य ही उसका सबसे बड़ा शत्रु है तथा परिश्रम जैसा कोई दूसरा मनुष्य का अनन्य मित्र नहीं है। परिश्रम करने वाला मनुष्य कभी भी दुःख नहीं भोगता, दुःखी नहीं होता।

इसी तरह कबीरदास जी का एक दोहा--

"रात गँवाई सोय के,

दिवस गँवाया खाय

हीरा जन्म अनमोल सा,

कोड़ी बदले जाए।"

अर्थात् कबीरदास जी कहते हैं कि रात को सोते हुए गँवा दिया और दिन खाते-खाते गँवा दिया। आपको जो अनमोल जीवन मिला है वह कोड़ियों में बदला जा रहा है।

"बुलंदियों को छूने वाले इंसान को आलस्य व निद्रा त्याग उसी प्रकार कर देना चाहिए जैसे एक इंसान दूध से मक्खी निकाल कर फेंक देता है।"

आलस्य व निद्रा में अगर ज़िंदगी गँवा दी तो आप कुछ नहीं कर पाओगे और बाद में समय निकलने पर पछताने के अलावा आपको कुछ हासिल नहीं होगा।

डॉ. अब्दुल कलाम जी का एक किस्सा मुझे यहाँ याद आ रहा है-

उन्होने कहा- **"जब मैं थक जाता और रात को सो जाता तो मुझे याद आता, यही वो समय है जिसका उपयोग करके मैं अपने प्रतिद्वंद्वी से आगे निकल सकता हूँ और मैं उठकर बैठ जाता और रातों को भी पढ़ाई करता।"**

उनके इसी अति निद्रा त्याग ने ही उनकों बुलंदियों पर पहुँचाया। आपकी नींद श्वान जैसी अर्थात् कुत्ते जैसी होनी चाहिए ताकि वह आपकी सफलता की बाधक ना बने। इसका मतलब यह नहीं है कि आपको सोना ही नहीं है, सोना है मगर केवल उतना जितना आवश्यक है।

गुरु द्रोणाचार्य जी ने अर्जुन को कहा था- **"हे अर्जुन ! याद रखना आलस्य व निद्रा लक्ष्य प्राप्ति में सबसे बड़े बाधक हैं।"**

गलत संगत : विनाश की राह

चाणक्य नीति में कहा गया है-

"मृत्पिण्डोडपि पाटलि गंध मुत्पा दयाति"

अर्थात् मिट्टी का ढेला भी पाटली नामक फूल के संसर्ग से सुगंधवान हो जाता है।"

अर्थात् फूलों वाले वृक्ष के नीचे की मिट्टी भी निरंतर फूलों के गिरते रहने से फूलों जैसी सुगंधवान हो जाती है। इसी प्रकार दुष्ट व्यक्ति भी गुणी एवं सज्जन के संपर्क में आने से गुणवान बन जाता है।

एक बहुत ही छोटी मगर बहुत बड़े काम की बात- जरा सोचिए, आपकी संगत कैसी है ? आपकी सफलता व असफलता पर संगत का भी बहुत असर पड़ता है। अगर आप हमेशा ऊर्जावान, ईमानदार व प्रेरित लोगों के बीच में रहेंगे तो वो हमेशा आपको आगे बढ़ने के लिए प्रेरित करेंगे। आपको विफलताओं से लड़ना सीखाएँगे और आपकी जीत होने पर आपको शाबाशी देंगे और बुलंदियो को छूने के लिए प्रोत्साहित करेंगे।

जिस प्रकार अच्छी संगत हमेशा हमें आगे बढ़ना सिखाती है वैसे ही अगर संगति अच्छी नहीं हो तो एक अच्छा इंसान भी कभी-कभी रास्ते से भटक जाता है। अगर नकारात्मक लोगों के साथ रहोगे तो वो आपको कभी भी ज़िंदगी में आगे नहीं बढ़ने देंगे। आपका दोस्त चाहे सफल है या असफल,

फर्क नहीं पड़ता। फर्क इस बात का पड़ता है कि उसकी सोच, आदतें व कार्य सकारात्मक हो।

स्कूल टाइम में एक कविता पढ़ी थी। उसी की कुछ पंक्तियाँ आपसे शेयर कर रही हूँ-

"काजल की कोठरी में

कैसो ही सयानो जाय

एक लीक काजल की

लागे है तो लागे है।"

अर्थात् आप चाहे कितने ही दूध के धुले क्यों न हो, गलत जगह पर या गलत संगति में जाएँगे तो असर तो होगा ही, दाग तो लग ही जाएगा।

मोबाइल/सोशल मीडिया का दुरुपयोगः एक बड़ी भूल

मोबाइल व इंटरनेट जहाँ एक तरफ हमारे लिए वरदान है, वहीं इसका नशा एक अभिशाप भी है। अति हर चीज की हानिकारक होती है। अगर आप मोबाइल व इंटरनेट का दुरुपयोग करते हैं तो सावधान हो जाएँ क्योंकि यह आपकी सफलता में बाधक है। कभी-कभी तो यह नशा इतना घातक हो जाता है कि बुलंदियों को छूना तो दूर, यह आपकी ज़िंदगी को सामान्य रूप से भी नहीं चलने देता और आपकी सामान्य ज़िंदगी भी नरक बन जाती है।

कुछ समय पहले सोशल मीडिया पर **'ब्लू व्हेल'** नामक एक गेम बहुत ही प्रसिद्ध हुआ था। उस गेम ने न जाने कितने ही युवाओं की ज़िंदगी को लील दिया। वो कलियाँ खिलने से पहले ही मुरझा गई। मोबाइल इंटरनेट के अगर युवा बहुत अधिक आदी हो जाते हैं तो ना तो वो परिवार को समय दे पाते हैं और ना ही अपने लक्ष्य पर ध्यान दे पाते हैं। अगर आपको अपनी मंज़िल प्राप्त करनी है, आपको अपने लक्ष्य को बेंधना है तो आपको इन सभी से सतर्क रहना होगा। आपको मोबाइल का केवल उचित प्रयोग करना है। उसका नशा नहीं करना है। इसे अपने लिए अभिशाप ना बनने दे। यह आपके हाथ में है कि आप इसे अपनी ज़िंदगी के लिए वरदान बनाते हैं या अभिशाप।

अश्लील साहित्यः एक रोग

साहित्य समाज का दर्पण होता है। साहित्य की शौकीन होने के कारण ही आज मैं यह प्रेरणादायी पुस्तक लिख पा रही हूँ मगर यह सब अच्छे साहित्य का परिणाम है। आपको अश्लील साहित्य का परित्याग करना है। जो भी अश्लील साहित्य आप पढ़ेंगे वो आपको नकारात्मकता की तरफ ले जाएगा। इसलिए हमेशा अच्छा साहित्य ही पढें ताकि वो आपको सकारात्मक बनाए रख सके। अश्लील साहित्य आपकी सोच को संकुचित बनाता है। गंदी बातों का आपके मन-मस्तिष्क पर बहुत ही गंदा/बुरा प्रभाव पड़ता है इसलिए बुलंदियों की चाहत रखने वाले युवा को इस मीठे जहर से हमेशा दूर रहना चाहिए। यह एक ऐसा मीठा जहर है जो आपको एक दम नहीं बल्कि धीरे-धीरे मारता है, आपके चरित्र को दुश्चरित्र में बदल देता है, लक्ष्य पर से आपके ध्यान को हटा देता है।

क्या कहेंगे लोगः वरदान या अभिशाप

अगर आप ज़िंदगी में कुछ बड़ा करना चाहते हैं, भव्य उड़ान भरना चाहते हैं तो इस संकल्पना को आपके लिए समझना बहुत ही आवश्यक है।

अभी तक आपने यही सुना होगा- **"सबसे बड़ा रोग क्या कहेंगे लोग।"**

लेकिन नई सोच के साथ हम इसे अवधारणा को दो अलग-अलग रूपों में समझेंगे। एक वरदान के रूप में और एक अभिशाप के रूप में।

प्रथम स्थितिः- वरदान के रूप में

जब ज़िंदगी की आपाधापी में आप अपना अस्तित्व ही भूल जाते हो कि आपके लिए क्या गलत है और क्या सही। आप मंज़िल प्राप्त करने के लिए कोई भी गलत रास्ता अख्तियार करने से नहीं चूकते और ज़िंदगी में बुराइयों को जगह देने लग जाते हैं तो समझ लीजिए कि आपने अपनी बर्बादी को सुनिश्चित कर लिया है।

इन परिस्थितियों में अगर आप इस संकल्पना को "क्या कहेंगे लोग" जीवन में उतारते हैं तो संभव है कि आप इन बुराइयों से बच सके, अपनी चारित्रिक व व्यक्तिगत दुर्बलताओं को पहचान सकें, अपनी कमजोरियों को दूर करने के लिए अपना विश्लेषण कर सके और उन परिस्थितियों में यह संकल्पना आपके लिए वरदान साबित हो जाती है और आप अपने विचारों को पहचान कर ख़ुद

को और निर्मल व मजबूत बना लेते हैं और ऊँची उड़ान भरने के लिए तैयार हो जाते हैं।

इस तरीके से ज़िंदगी में हमें छोटी-छोटी गलत आदतों जैसे अगर हम समय के पाबंद नहीं हैं, बिना बात किसी की टाँग खिंचाई की हमें आदत है, बिना बात किसी पर छींटाकशी करने की आदत है, पीठ पीछे चोरी करने की आदत है या कुछ और गलत आदतें हैं तो हम यह सोचकर कि 'लोग क्या कहेंगे' हमें उन बुरी आदतों को छोड़ देना चाहिए।

कबीरदास जी का एक बहुत ही खूबसूरत दोहा है-

"निंदक नियरे राखिए

आनंद कुटि छवास

बिन पानी, साबुन बिना

निर्मल करे सुभाय।"

अर्थात् जो हमारी निंदा करता है उसे अपने अधिक से अधिक पास ही रखना चाहिए क्योंकि वह बिना साबुन और पानी के हमारी कमियाँ बताकर हमारे स्वभाव को साफ अर्थात् निर्मल कर देता है।

कहते हैं, अब्राहम लिंकन जब अमेरिका के राष्ट्रपति बने तो उन्होंने उस इंसान को जो उस जमाने में उसका सबसे बड़ा निंदक था, अपना सलाहकार नियुक्त किया था।

क्या कहेंगे लोग- एक अभिशाप

लेकिन उपर्युक्त अवधारणा को तब सिरे से नकार देना चाहिए जब आप वास्तव में बिल्कुल सही कर रहे हैं, सफलता के रास्ते पर सही तरीकों से आगे

बढ़ रहे हैं क्योंकि उस समय अगर आप 'क्या कहेंगे लोग' के हेर-फेर में पड़ गए तो ज़िंदगी में कुछ भी नहीं कर पाओगे और यह आपके लिए एक अभिशाप बन जाएगा। अगर आप सच्चे व सही रास्ते पर चल रहे हैं, तब चाहे सारा जमाना खिलाफ हो जाए, तब भी आपको चलते रहना है।

किसी ने क्या खूब कहा है-

"कई लोग मुझको गिराने में लगे हैं

सरे शाम चिराग बुझाने में लगे हैं

उनसे कह दो कतरा नहीं, मैं समंदर हूँ,

डूब गए वो ख़ुद जो डुबाने में लगे हैं।"

ऐसे समय में आप बहरे बन जाओ क्योंकि याद रखे "कुछ तो लोग कहेंगे लोगों का काम है कहना।"

ऐसे लोगों से बचना है और ज़िंदगी में क़ामयाबी हासिल करनी है। जब लोग कहे, **"हूँ, बनने चला है, ऑफिसर, औकात तो देख जरा अपनी।"** कहने वालों को कहने दो। बस आपके मन मैं एक आत्मविश्वास की भावना होनी चाहिए और किसी के द्वारा कही गई इन खूबसूरत पंक्तियों का साथ-

"आज तुम जिसे गलियों की खाक समझते हो,

कल उसका आसमान में डेरा होगा,

एक दिन ऐसा आएगा,

घड़ी तुम्हारी लेकिन वक्त मेरा होगा।"

अध्याय-5
कुल्हाड़ी की धार तेज करो

एक बार अब्राहम लिंकन ने कहा था कि ''अगर उसे एक पेड़ काटने के लिए 6 घण्टे दिए जाए तो वह 4 घण्टे कुल्हाड़ी की धार तेज करने में लगाएँगे।''

यही बात हमारे जीवन में लागू होती है। अगर आप ज़िंदगी में ऊँची उड़ान भरने की तैयारी कर रहे हैं तो आपको शारीरिक, मानसिक, आध्यात्मिक व सामाजिक, चारों रूपों में बहुत ही सुदृढ़ व मजबूत होने की आवश्यकता है। ज़िंदगी के किसी भी क्षेत्र में उच्च मुकाम हासिल करने के लिए आपको लक्ष्य के साथ-साथ कुछ समय स्वयं को इन चारों आयामों में निपुणता हासिल करने में भी लगाना पड़ेगा ताकि आप और अधिक दक्षता के साथ शिखर पर

विराजमान हो सकें। योग इन चारों आयामों को मजबूत करने में हमारी बहुत मदद कर सकता है क्योंकि योग करने से हम शारीरिक व मानसिक रूप से स्वस्थ होते हैं और हमें आत्मिक बल की प्राप्ति होती है। यह हमारे मन, मस्तिष्क व आत्मा का मिलन करवाता है और हम दिन-दुनी रात-चौगुनी उन्नति करते हुए सफलता के नए-नए आयाम गढ़ते हैं।

सन् 2019-2022 तक का समय भयानक महामारी का काल रहा है। पूरी दुनिया में कोरोना वायरस की वजह से त्राहि-त्राहि मच गई। अनगिनत लोग अपनों का साथ छोड़ इस दुनिया को अलविदा कह गए। अनगिनत बच्चे अनाथ हो गए। हजारों लोग नौकरियों से बाहर निकाल दिए गए और न जाने कितने ही लोग आर्थिक हालत खराब होने की वजह से मर गए।

इस महामारी ने सिखा दिया की 'वातावरण के साथ अनुकूलन' कितना जरूरी है। इस महामारी ने डार्विन महोदय के सिद्धान्त को सच साबित कर दिया अर्थात् जो फिट है वो हिट है।

कोरोना काल ने हम सब को यह अच्छी तरह से समझा दिया कि अगर सफल होना है तो शारीरिक व मानसिक दोनों रूप से मजबूत होना पड़ेगा। अपनों का साथ, दुआएँ और प्रभु का आशीर्वाद भी हमारे लिए बहुत महत्व रखता है।

डॉ. सुचेता यादव

शारीरिक स्वास्थ्यः-

स्वस्थ शरीर में ही स्वस्थ मन का निवास होता है। मेरे बहुत से युवा साथी सपनों की दौड़ में स्वास्थ्य को भूल जाते हैं। उनसे मेरा अनुरोध है कि आप सपनों की दौड़ में दौड़िए लेकिन अपने शरीर के साथ ज्यादती न करें, उसको भी साथ लेकर अगर चलेंगे तो और भी लम्बा और जल्दी चल पाएँगे।

शारीरिक स्वास्थ्य संबंधी महत्ता को भला मेरे से अच्छा कौन समझ सकता है। मैंने अपनी ज़िंदगी के इन चालीस वर्षों मे न जाने कितनी ही रातें व कितने ही दिन स्वास्थ्य संबंधित परेशानियों के साथ काटे हैं। अभी तक पाँच बार सर्जरी के दौर से गुजर चुकी हूँ, मगर ईश कृपा, बड़ों के आशीर्वाद, योग व अपनी अंतःप्रेरणा की वजह से मैंने इन समस्याओं का डटकर मुकाबला किया और आज आप सभी को प्रोत्साहित कर रही हूँ मगर दोस्तो खराब स्वास्थ्य आपकी प्रगति में बहुत बाधक है। यह आपके मानसिक स्वास्थ्य को प्रभावित करता है, कभी-कभी आपको बिल्कुल जड़ बना देता है, आगे अग्रसर होने में कठिनाइयाँ पैदा करता है। कभी-कभी तो तिल-तिल जीने को मजबूर कर देता है। इन सब बातों की वजह से ही स्वास्थ्य को सबसे बड़ा धन बताया गया है।

''पहला सुख निरोगी काया।''

अगर स्वास्थ्य है तो सब कुछ है। तभी तो प्रगति की राह पर आगे बढ़ सकते हैं, अपने परिवार, समाज व देश के लिए कुछ कर सकते हैं। अतः अगर ज़िंदगी में अपने लक्ष्य को हासिल करना चाहते हो तो अपने स्वास्थ्य का पूरा ध्यान

रखो। अगर इसके बावजूद भी मुश्किलें आती हैं तो हमारे यहाँ एक कहावत है- ''गले पड़ा ढोल बजाना ही पड़ता है।''

अर्थात् उस बीमारी का डटकर मुकाबला करो, डरो मत और डॉक्टर से इलाज, अपनी अतः प्रेरणा व योग-ध्यान से उसे खत्म कर डालो।

स्वयं को शारीरिक रूप से स्वस्थ रखने के लिए कुछ महत्वपूर्ण नुस्खे हैं:-

1. प्रतिदिन योगभ्यास- योग की महत्ता की वजह से 21 जून 'विश्व योग दिवस' के रूप में मनाया जाता है।

2. सुबह की सैर

3. खान-पान का सही ध्यान

4. सही जीवन शैली

5. हंसमुख स्वभाव

6. अवसाद से दूरी

मानसिक स्वास्थ्यः-

दोस्तो, शारीरिक मजबूती जितनी जरूरी है, उससे कहीं ज़्यादा जरूरी है, मानसिक स्वास्थ्य। इंसान का मनोबल जितना ऊँचा होगा, मानसिक रूप से वह जितना ताकतवर होगा, उतना ही ज़्यादा वह बुलंदियों को छुएगा। कहा भी है-

"आपकी शारीरिक दिव्यांगता

हमें गौरवान्वित रखेगी,

मगर मानसिक विकलांगता

हमें दिव्यांग बनाएगी।"

इसलिए विश्व मानसिक स्वास्थ्य दिवस 10 अक्टूबर को प्रतिवर्ष मनाया जाता है।

"मस्तिष्क में खूबियाँ खूब हैं, स्वस्थ होना जरूरी है।

अगर मानसिक बीमारी दूर है तो आप सुखी जरूर है।"

अगर आप शारीरिक रूप से मजबूत है, लेकिन मानसिक रूप से कमजोर हैं तो आप ज़िंदगी में कोई भी सफलता हासिल नहीं कर सकते लेकिन अगर मानसिक रूप से मजबूत हैं तो आप कभी भी अपने शारीरिक स्वास्थ्य को अपनी सफलता के रास्ते में अवरोधक नहीं बनने देंगे।

मानसिक स्वास्थ्य को मजबूत करने के तरीकेः-

1. अगर आपको मानसिक बीमारी है तो कोई झिझक नहीं रखें, उसे अपने परिवार व दोस्तों से शेयर करें।

2. हमेशा खुश रहने की कोशिश करें।

3. खिलखिलाकर हँसे।

4. चिंता छोड़ सुख से जीएँ।

5. पूरी नींद (अनिद्रा से दूरी)।

आध्यात्मिक जीवनशैली-

अगर आप ज़िंदगी में शिखर को छूना चाहते हो तो आध्यात्मिक बनो। सबसे पहले आपको पता होना चाहिए कि आध्यात्मिकता है क्या ? आध्यात्मिकता के भ्रामक तथ्यों से बचो। आध्यात्मिकता का मतलब जीवन से पलायन नहीं है। यह तो युगों-युगों से हमारी भारतीय संस्कृति का अभिन्न हिस्सा रही है।

अध्यात्म बहुत ही विस्तृत है, इसको धर्म या पूजा-पाठ से नहीं जोड़ सकते। धार्मिक प्रवृत्ति का होना अलग चीज है और आध्यात्मिक होना अलग। जरूरी नहीं जो आदमी धार्मिक हो वह आध्यात्मिक भी हो। आध्यात्मिकता किसी धर्म, संप्रदाय, मंदिर, मस्जिद, चर्च या गुरूद्वारे से संबंधित नहीं है। यह तो आपके अंदर की खोज है।

स्वामी विवेकानंद जी ने अपने उपदेशों में एक बहुत ही महत्वपूर्ण ज्ञान दिया और उन्होंने कहा- **"वो जो सब कुछ छोड़कर हिमालय में भाग गया, वो रास्ता भटक गया और जो सब कुछ भूलकर संसार में लिप्त हो गया वो भी रास्ते से भटक गया।"**

उन्होंने एक बहुत ही सुंदर बात कही- **"अपने जीवन को आध्यात्मिक बना लो और संसार में कर्म करो।"**

एक आध्यात्मिक व्यक्ति वह है-

- वह भौतिकतावाद से ऊपर उठ जाता है।
- वह दूसरो में अवगुण नहीं देखता, बुराई नहीं करता, ना दूसरों को कमतर मानता।
- वह नित्य-प्रतिदिन अपने भाव में दयालुता रखता है।
- वह जो भी कार्य करता है, उसमें केवल अपना ही भला नहीं सोचता, अपितु दूसरों का हित भी देखता है।
- काम, क्रोध, मद, मोह, लोभ की तिलांजलि दे देता है।
- चाहे कितनी ही विकट परिस्थितियाँ हो अंदर से खुश रहने की कोशिश करता है।
- कृतज्ञता का भाव रखता है।
- उसके अंदर सिर्फ अपनों के लिए ही नहीं, अपितु सभी के लिए प्रेम उमड़ता है।
- सकारात्मक सोच रखता है और प्रेरणादायी पुस्तकें पढ़ता है।
- हमेशा समाज के उत्थान के लिए प्रयास करता है।
- मानवता के लिए कार्य करता है।

अर्थात् आध्यात्मिकता का अर्थ है लगातार आगे बढ़ते रहना, वर्तमान के एक-एक पल का सदुपयोग करना, व्यर्थ की चिंता नहीं करना।

अगर आप आध्यात्मिक जीवन शैली अपनाना चाहते हैं तो अपनी ज़िंदगी में निम्नलिखित बातों पर जरूर अमल करें-

1. ध्यान, प्रार्थना व चिंतन आपको आध्यात्मिक बनाता है।
2. संतुलित आहार करें।
3. प्रतिदिन व्यायाम करें।
4. ब्रांडिड सोच रखें।

अगर आप आध्यात्मिकता की तरफ झुकते हैं तो 'मैं' से ऊपर उठकर न केवल ख़ुद की तरक्की करेंगे, अपितु अपने परिवार, समाज व देश को भी ऊँचाइयों पर ले जाओगे व आपकी सफलता स्थाई व चिर हो जाएगी जो युगों-युगों तक समाज को प्रेरित करेगी। जैसे कि आज हमें महात्मा बुद्ध व स्वामी विवेकानंद जी प्रेरित करते हैं।

सामाजिक आयाम/मजबूत सामाजिक रिश्ते-

आज का युग भौतिकतावाद का युग है। चारों तरफ आपाधापी व उहापोह की स्थिति है। सामाजिकता घटती जा रही है जिससे सामाजिक रिश्ते टूटते जा रहे हैं लेकिन अगर आप अपनी उन्नति को चार चाँद लगाना चाहते हैं, प्रगति पथ पर आगे बढ़ना चाहते हैं तो आज यह गाँठ बाँध लो कि मजबूत रिश्तों के बिना हमारी सफलता अधूरी है। रिश्ते हमारी धड़कन हैं, हमारी ताकत हैं, हमारी मजबूती हैं जो हमें आगे बढ़ाने में एक पथ-प्रदर्शक व रक्षक का कार्य करते हैं।

मैं ख़ुद को बहुत ही खुशनसीब मानती हूँ और प्रभु का तहे दिल से धन्यवाद करती हूँ कि उन्होंने मुझे बहुत ही खूबसूरत रिश्ते दिए हैं। मेरा हर एक रिश्ता चाहे वह परिवार से है या फिर समाज या देश से, वह बहुत ही पवित्र व अनमोल है, जो हमेशा मेरी लौ को जलाए रखते हैं। मुझे सकारात्मक व ऊर्जावान बनाए रखते हैं। उन सभी खूबसूरत रिश्तों की वजह से ही मेरे मन में मानवता, समाज सेवा व देश सेवा की भावना दिनों-दिन बलवती होती जा रही है। अपार स्नेह, प्रेम व अपनों के सान्निध्य ने मुझे रिश्तों को जीने की व देश सेवा की राह प्रदान की है।

दोस्तो, आपका सामाजिक आयाम बहुत ही मजबूत होना चाहिए। अपने रिश्तों को बचाकर रखो, बनाकर रखो। रिश्तों से धोखाधड़ी को खत्म कर दो। अहंकार, ईर्ष्या को खत्म कर दो।

किसी ने क्या खूब कहा है-

"डिग्रियाँ तो तालीम के खर्चे की रसीदे हैं

इल्म वही है, जो किरदार में झलकता है।"

और वह किरदार तभी मजबूत बनेगा जब हमारे चारों आयाम सुदृढ़ होंगे।

अध्याय-6

कुछ बातें अनुभव भरी

एक प्रसिद्ध कहावत है- "**अगर हम अपने ही अनुभवों से सीखने लगे तो ज़िंदगी छोटी पड़ जाएगी इसलिए दूसरों के अनुभवों से भी सीखो।**"

और हम सभी के लिए वह अनुभव हैं- हमारी प्रेरणादायी धरोहर, हमारे बड़े-बुज़ुर्गों के तज़ुर्बे जो हमें कभी भी किसी भी परिस्थिति में पीछे हटने नहीं देंगे। हर क्षण, हर परिस्थिति में हमारा जोश जज़्बा, ज़ुनून, धैर्य, आत्मविश्वास, दृढ़ निश्चय व कर्मण्यता को बनाए रखेंगे। मैंने ज़िंदगी में ख़ुद अनुभव किया है कि हमारी प्रेरणादायी धरोहर (प्रेरणादायी साहित्य, प्रेरणादायी व्यक्तित्व, अनमोल विचार) व बड़े-बुज़ुर्गों के आशीर्वाद व तज़ुर्बे ने मुझे हमेशा **गालिब** द्वारा कही गई इन पंक्तियों को मेरे अवचेतन मन की ताकत बना दिया-

"हाथों की लकीरों पे मत जा ऐ गालिब

नसीब उनके भी होते हैं, जिनके हाथ नहीं होते।"

इस अध्याय में मैं वो सभी प्रेरणादायी धरोहर आप सभी के साथ साझा करूँगी जो मैंने संघर्षों, मुसीबतों, असफलताओं के समय आत्मसात की और आज मैं इस मुकाम पर हूँ कि आप सभी को भी प्रेरित करूँ।

बड़ों से तजुर्बा /बड़ों का आदर/आशीर्वाद

अगर ज़िंदगी में बुलंदियाँ छूना चाहते हैं तो जहाँ हमारे लिए कठोर मेहनत की बहुत आवश्यकता है, वही बड़ों के आशीर्वाद की भी बहुत आवश्यकता है। बुज़ुर्गों के साथ बैठना दुनिया का सबसे फायदेमंद सौदा है। चंद लम्हों के बदले में वो आपको वर्षों का तजुर्बा दे देते हैं और तजुर्बे (अनुभव) ज़िंदगी में बहुत ही काम आते हैं।

किसी ने क्या खूब कहा है-

''बड़े-बुज़ुर्गों की उंगलियों में

कोई ताकत तो न थी

जब झुका सिर मेरा तो काँपते हाथों ने

जमाने भर की दौलत दे दी।''

ज़िंदगी में अगर सफल होना चाहते हो तो बड़ों का सम्मान करना सीखो। माँ-बाप अगर छाया है तो दादा-दादी, नाना-नानी बरगद के पेड़ के समान होते हैं, उनकी छत्रछाया में आप जो संस्कार सीख सकते हो वह दुनिया के लाखों कोचिंग सेंटर भी नहीं सिखा सकते। उनके अनुभव आपके लिए अमूल्य धरोहर हैं, वो ज्ञान का अमूल्य भण्डार है। हम मोबाइल, सोशल मीडिया व इंटरनेट की दुनिया में इतना खो गए हैं कि वास्तविकता को समझना ही नहीं

चाहते। ये सभी हमें चमचमाते महल की तरह चमकदार तो बना सकते हैं, मगर अगर उस महल की नींव खोखली है तो वह महल जल्द ही भुरभुराकर गिर जाएगा। नींव मजबूत करनी है तो बड़ों की शरण तो लेनी ही होगी, नींव मजबूत तो महल मजबूत।

माँ-बाप जो ज़िंदगी में तिनका-तिनका आपके लिए जोड़ते हैं, अपना सुख-दुःख सब कुछ भुलाकर दिन-रात आपके लिए काम करते हैं, उनके चरणों में दुनिया की ज़न्नत है। सारा ब्रह्माण्ड उनकी परिक्रमा में समाया है, जो पुण्य चारों धाम की यात्रा से नहीं मिले वो उनकी सेवा व सम्मान करने से मिलता है। युवाओं से मेरी अपील है कि वो कोई भी ऐसा काम नहीं करें, जिसमें उनकी आत्मा दुखे, अगर सफलता चाहते हो तो उनकी बातों को मानना सीखो, उनको अपना सच्चा दोस्त मानो।

प्रेरणादायी साहित्य

हमारा साहित्य बहुत ही समृद्ध व शक्तिशाली है। अगर आप साहित्य को प्यार करते हो तो इतनी प्रेरणादायी पुस्तकें, कहानियाँ, कथाएँ, कविताएँ, प्रेरक प्रसंग आपको पढ़ने को मिलेंगे जो हारे हुए इंसान में जान फूँक दे। मैं ख़ुद कविताओं की बहुत शौकीन हूँ। कविताएँ लिखती भी हूँ और गुनगुनाती भी हूँ।

ये कविताएँ मेरी ऊर्जा का बहुत बड़ा स्रोत हैं।

कविता - अग्निपथ (कवि- हरिवंश राय बच्चन)

अग्निपथ ! अग्निपथ ! अग्निपथ !

वृक्ष हो भले खड़े,

हो घने, हो बड़े,

एक पत्र छाँह भी,

माँग मत, माँग मत, माँग मत !

अग्निपथ ! अग्निपथ ! अग्निपथ !

तू न थकेगा कभी !

तू न थमेगा कभी !

तू न मुड़ेगा कभी !

कर शपथ, कर शपथ, कर शपथ !

अग्निपथ ! अग्निपथ ! अग्निपथ !

यह महान दृश्य है।

चल रहा मनुष्य है

अश्रु-स्वेद-रक्त से

लथपथ, लथपथ, लथपथ

अग्निपथ ! अग्निपथ ! अग्निपथ !

कविता - तुम मुझको कब तक रोकोगे
(विकास बन्सल)

मुट्ठी में कुछ सपने लेकर, भरकर जेबों में आशाएँ।

दिल में है अरमान यही, कुछ कर जाएँ... कुछ कर जाएँ...॥

सूरज-सा तेज नहीं मुझमें, दीपक-सा जलता देखोगे...

सूरज-सा तेज़ नहीं मुझमें, दीपक-सा जलता देखोगे...

अपनी हद रोशन करने से,

तुम मुझको कब तक रोकोगे...

तुम मुझको कब तक रोकोगे...॥

मैं उस माटी का वृक्ष नहीं जिसको नदियों ने सींचा है...

बंजर माटी में पलकर मैंने, मृत्यु से जीवन खींचा है।

मैं पत्थर पर लिखी इबारत हूँ, शीशे से कब तक तोड़ोगे...

मिटने वाला मैं नाम नहीं...

तुम मुझको कब तक रोकोगे..

तुम मुझको कब तक रोकोगे...॥

इस जग में जितने जुल्म नहीं, उतने सहने की ताकत है...

तानों के भी शोर में रहकर सच कहने की आदत है।

मैं सागर से भी गहरा हूँ.. मैं सागर से भी गहरा हूँ..

तुम कितने कंकड़ फेंकोगे, चुन-चुन कर आगे बढ़ूँगा मैं

तुम मुझको कब तक रोकोगे...

तुम मुझको कब तक रोकोगे...॥

झुक-झुककर सीधा खड़ा हुआ, अब फिर झुकने का शौक नहीं...

अपने ही हाथों रचा स्वयं, तुमसे मिटने का खौफ़ नहीं।

तुम हालातों की भट्टी में, जब-जब भी मुझको झोंकोगे...

तब तप-तप कर सोना बनूँगा मैं,

तुम मुझको कब तक रोकोगे...

तुम मुझको कब तक रोकोगे..॥

कविता - कोशिश करने वालों की हार नहीं होती
(सोहनलाल द्विवेदी)

लहरों से डर कर नौका पार नहीं होती,

कोशिश करने वालों की कभी हार नहीं होती।

नन्हीं चींटी जब दाना लेकर चलती है,

चढ़ती दीवारों पर, सौ बार फिसलती है।

मन का विश्वास रगों में साहस भरता है,

चढ़कर गिरना, गिरकर चढ़ना न अखरता है।

आखिर उसकी मेहनत बेकार नहीं होती,

कोशिश करने वालों की कभी हार नहीं होती।

डुबकियाँ सिंधु में गोताखोर लगाता है,

जा-जा कर खाली हाथ लौटकर आता है।

मिलते नहीं सहज ही मोती गहरे पानी में,

बढ़ता दुगना उत्साह इसी हैरानी में।

मुट्ठी उसकी खाली हर बार नहीं होती,

कोशिश करने वालों की कभी हार नहीं होती।

असफलता एक चुनौती है, इसे स्वीकार करो,

क्या कमी रह गई, देखो और सुधार करो।

जब तक न सफल हो, नींद चैन को त्यागो तुम,

संघर्ष का मैदान छोड़ कर मत भागो तुम।

कुछ किए बिना ही जय जयकार नहीं होती,

कोशिश करने वालों की कभी हार नहीं होती।

प्रेरणादायी पुस्तकें-

कहा गया है कि **किताबें इंसान की सबसे अच्छी दोस्त होती हैं** जो आपकी नकारात्मक सोच को कब सकारात्मक बना देती हैं आपको पता ही नहीं लगता। किताबें हमें ज्ञान प्रदान करती हैं। मैंने जो यह पुस्तक लिखी है, उसके पीछे बहुत ही प्रेरणादायी पुस्तकें पढ़ने का रहस्य छुपा हुआ है। यह पुस्तक कोई मेरे एक दिन, एक सप्ताह या एक महीने या एक साल की मेहनत का परिणाम नहीं है अपितु यह बचपन में प्रेरणादायी पुस्तकें पढ़ने का परिणाम है। यहाँ मैं कुछ उन पुस्तकों के बारे में बता रही हूँ, जिनको मैंने पढ़ा और उनसे प्रेरणा मिली।

- जीत आपकी - शिवखेड़ा
- शिखर पर मिलेंगे – जिग जग्लर
- सफलता के 251 स्वर्णिम सूत्र - स्वेट मार्डेन
- इकिगाई- हेक्टर गार्सिया, फ्रांसिस मिरेलस
- आपके अवचेतन मन की शक्ति- डॉ. जोसेफ मर्फी
- सकारात्मक सोच की शक्ति- नॉर्मन विन्सेन्ट पील
- अति प्रभावकारी लोगों की 7 आदतें- स्टीफन आर.कवी
- हीरो- रॉन्डा बर्न

- रहस्य- रॉन्डा बर्न
- अलकेमिस्ट- पाओलो कोएलो
- बड़ी सोच का बड़ा जादू- डेविड जे. श्वार्ट्ज
- रिच डैड पुअर डैड- राबर्ट टी. कियोसाकी
- सोचो और अमीर बनो- नेपोलियन हिल
- सन्यासी जिसने अपनी सम्पति बेच दी- रॉबिन शर्मा
- अग्नि की उड़ान- डॉ. ए.पी.जे. अब्दुल कलाम
- चिंता छोड़ो, सुख से जीओ- डेल कारनेगी
- महापुरुषों की जीवनियाँ
- चाणक्य नीति
- कबीरदास के दोहे

इन ऊपर लिखित पुस्तकों को अगर आप आत्मसात करते हैं तो वो आपकी ज़िंदगी बदल देगी।

प्रेरणादायी व्यक्तित्व व उनके प्रेरक प्रसंग-

दुनिया में कितने ही महापुरुष हैं जिनका जीवन हम सभी के लिए प्रेरणा का स्रोत है। इतिहास आपको प्रेरणा देने के लिए आतुर है, बस जरूरत है उसको गहनता से समझने की।

दुनिया के महानतम व्यक्तित्व

1. डॉ. अब्दुल कलाम आजाद
2. अब्राहम लिंकन
3. महात्मा गाँधी
4. नेल्सन मंडेला
5. स्वामी विवेकानंद
6. भगत सिंह
7. रवीन्द्रनाथ टैगोर
8. रूजवोल्ट विल्सन
9. मदर टेरेसा

10. देश पर मर-मिटने वाले शहीद

शहीदों में शहीद भगतसिंह उन लाखों युवाओं, जो ज़िंदगी में कुछ कर गुजरने का जज्बा रखते हैं, के लिए एक प्रेरणा हैं। आठ से नौ साल के बच्चों का जहाँ मिट्टी के घर बनाने का शौक होता है, खिलौनों से खेलने का शौक होता है, वहीं भगतसिंह अपने पिता से कहते थे- **"अंग्रेजों को भगाने के लिए बंदूक उगा ली जाए।"** उनके विचार में जज़्बा है हौसले का, जज़्बा है क़ामयाबी का, जज़्बा है लक्ष्य प्राप्ति का।

एक बार भगतसिंह की माँ ने कहा- **"बेटा शादी कर ले।"**

भगतसिंह ने कहा- **"अब आज़ादी ही मेरी दुल्हन होगी।"**

कहने का मतलब अपने लक्ष्य के प्रति ज़ुनून। वो कहते थें-

"मेरे जज़्बातों से इस कदर वाकिफ है मेरी कलम

मैं अगर इश्क भी लिखना चाहूँ तो इंकलाब लिखा जाता है।"

देश की आजादी के लिए बहुत ही निर्भीक और आत्मविश्वासी थे। वो कहते थे-

"लिख रहा हूँ अंजाम,

जिसका कल आगाज आएगा

मेरे लहू का हर कतरा इंकलाब लाएगा।

मैं रहूँ या ना रहूँ, मेरा यह वादा है तुमसे

मेरे बाद वतन पर मरने वालों का सैलाब आएगा।"

इस तरह विश्व की जो भी महान हस्तियाँ हैं उनसे संबंधित अनेक प्रेरक प्रसंग है जो हमें बुलंदियों को छूने के लिए प्रेरित करते हैं। अगर आप उनको अपना आदर्श बनाते हैं तो ज़िंदगी में सफलता की तरफ अग्रसर होते रहेंगे।

प्रेरणादायी फिल्में व संगीतः-

भारतीय फिल्म सिनेमा बहुत ही मजबूत है। भारतीय सिनेमा ने मनोरंजन से संबंधी कार्य के साथ-साथ, कुछ ऐसी प्रेरणादायी फिल्में व गाने पर्दे पर उतारे हैं कि जब हम उनको देखते हैं और सुनते हैं तो वो हमारे अंदर एक ज़ुनून पैदा करते हैं। अगर आप फिल्में देखने व संगीत सुनने के शौकीन हैं तो यहाँ पर अति प्रेरणादायी गाने व फिल्में आप सभी के लिए उद्धृत है।

1. डॉ. अब्दुल कलाम
2. एम.एस. धोनीः द अनटोल्ड स्टोरी
3. हिचकी
4. ताण्हाजी
5. लक्ष्य
6. दंगल
7. चक दे इंडिया
8. मैरी कॉम
9. भाग मिल्खा भाग
10. तारे जमीं पर
11. सूरमा

प्रेरणादायी संगीत

फिल्म-संजू (2018)

गीत- कर हर मैदान फतेह

पिघला दे जंजीरें

बना उनकी शमशीरें

कर हर मैदान फतेह ओ बंदेया

कर हर मैदान फतेह

घायल परिंदा है तू, दिखला दे जिंदा है तू बाकी है तुझमें हौसला

तेरे ज़ुनून के आगे, अम्बर पनाहें माँगे, कर डाले तू जो फैसला

रूठी तकदीरें तो क्या, टूटी शमशीरें तो क्या,

टूटी शमशीरों से ही हो हो कर हर मैदान फतेह,

कर हर मैदान फतेह रे बंदेया

कर मैदान फतेह

इन गर्दिशों के बादलों पे चढ़के

वक्त का गिरेबाँ पकड़ के

पूछना है जीत का पता, जीत का पता

इन मुट्ठियों में चाँद-तारे भरके

आसमाँ की हद से गुजर के

हो जा तू भीड़ से जुदा, भीड़ से जुदा।

कहने को जर्रा है तू

लोहे का छर्रा है तू

टूटी शमशीरों से ही हो हो

कर हर मैदान फतेह...........

तेरी कोशिशें ही क़ामयाब होंगी

जब तेरी ये जिद आग होगी

फूँक देगी नाउम्मीदियाँ, नाउम्मीदियाँ

तेरे पीछे-पीछे ये रास्ते चलके

बाँहों के निशानों में ढल के

ढूँढ लेंगे अपना आशियाँ अपना आशियाँ

लम्हों से आँख मिला के, रख दे जी जान लड़ा के

टूटी शमशीरों से ही, हो हो

कर हर मैदान फतेह ओ बंदेया

कर हर मैदान फतेह।

सुल्तान (2016)

क़िस्मत जो आवे सामने

तू मोड़ दे उसका पंजा रे

चल मोड़ दे उसका पंजा रे

सात आसमान चीरे

अब सात समंदर पीरे

चल सात सुरों में कर दे यह ऐलान

हिम्मत है तो रोको

और जुर्रत है तो बाँधो

रे आज हथेली पर रख दी है जान

खून में तेरे मिट्टी

मिट्टी में तेरा खून

ऊपर अल्लाह नीचे धरती

बीच में तेरा ज़ुनून

अ सुल्तान

सीने में तेरे आग, पानी, आँधी है,

मेहनत की डोरी हौसलों से बाँधी है,

है पर्वत भी तू ही

और तू ही पत्थर है

जो चाहे तू वो भी बन जाए

तेरी मर्जी है।

आँसू और पसीना

अरे हैं तो दोनों पानी

पर मोड़ के रख दे दोनों ही तूफान

चोट हो जितनी गहरी

या ठेस जिगर में ठहरी

तो जज़्बा उतना जहरी है ये मान

नूर-ए-सुकून भी, अक्स ये ज़ुनून भी
तुझको पता है
तुझमें छुपा है
तू उसको ले, उसको ले पहचान

तेरा इरादा तुझसे भी ज़्यादा
उसको पता है जो लापता है
तू इतना ले, इतना ले अब मान
वो दिल में है तेरे
तू उसकी नजरों में
चल हद से आगे रे
चाहा जो तूने वो पाले
चल बन जा रे सुल्तान

फिल्म: लक्ष्य

हाँ यही रस्ता है तेरा, तूने अब जाना है

हाँ यही सपना है तेरा, तूने अब पहचाना है

तुझे अब ये दिखाना है

रोके तुझको आँधियाँ या जमीं और आसमाँ

पाएगा जो लक्ष्य तेरा है

लक्ष्य तो हर हाल में पाना है

मुश्किल कोई आ जाए तो, पर्वत कोई टकराए तो

ताकत कोई दिखलाए तो, तूफाँ कोई मंडराए तो

बरसे चाहे अम्बर से आग, लिपटे चाहे पैरों से नाग

पाएगा जो लक्ष्य है तेरा......

हिम्मत से जो कोई चले

धरती हिले कदमों तले

क्या दूरियाँ, क्या फासले, मंज़िल लगे आके गले

तू चल यूँ ही अब सुबह-शाम

रुकना झुकना नहीं तेरा काम

पाएगा जो लक्ष्य है तेरा।

लक्ष्य तो हर हाल में पाना है।

प्रेरणादायी कथन/ अनमोल वचनः-

ज़िंदगी में सफलता प्राप्त करने संबंधी न जाने कितने ही कथन महान हस्तियों द्वारा दिए गए हैं। अगर हम उन कथनों को दिलो-दिमाग में रखते हैं तो आपके अवचेतन मन की कब ताकत बन जाते हैं, आपको पता ही नहीं लगता और आप उन्हीं के हिसाब से विजेता बनने के लिए कार्यशील हो जाते हैं।

''रत्न बिना रगड़े कभी नहीं चमकते, वैसे ही आदमी का व्यक्तित्व बिना संघर्ष नहीं निखरता।'' - **कन्फ्यूशियस**

''जीतने की संकल्प शक्ति, सफल होने की इच्छा और अपने अंदर मौजूद क्षमताओं के उच्चतम स्तर तक पहुँचने की तीव्र अभिलाषा, ये ऐसी चाबियाँ हैं जो व्यक्तिगत उत्कृष्टता के बंद दरवाजे खोल देती हैं।'' - **कन्फ्यूशियस**

''जिस व्यक्ति ने कभी गलती नहीं की, उसमें कभी कुछ नया करने की कोशिश नहीं की।''- **आइंस्टीन**

''परिश्रम सौभाग्य की जननी है।''- **वेंजामिन फ्रेंकलिन**

''कोई काम शुरु करने से पहले, स्वयं से तीन प्रश्न कीजिए- मैं क्यों कर रहा हूँ, इसके परिणाम क्या हो सकते हैं और क्या मैं सफल होऊँगा और जब गहराई से सोचने पर इन प्रश्नों के उत्तर मिलें, तभी आगे बढ़ें।''- **चाणक्य**

‘‘जैसे ही भय आपके करीब आए, उस पर आक्रमण कर उसे नष्ट कर दीजिए।’’- **चाणक्य**

‘‘एक उत्कृष्ट बात जो शेर से सीखी जा सकती है वो ये है कि एक व्यक्ति जो कुछ भी करना चाहता है उसे पूरे दिल व जोरदार प्रयत्न के साथ करे’’- **चाणक्य**

‘‘बड़ा सोचो, जल्दी सोचो, आगे सोचो, विचारों पर किसी का एकाधिकार नहीं है।’’- **धीरूभाई अंबानी**

‘‘हमारे स्वप्न विशाल होने चाहिए। हमारी महत्वाकांक्षा ऊँची होनी चाहिए। हमारी प्रतिबद्धता गहरी होनी चाहिए और हमारे प्रयत्न बड़े होने चाहिए।’’ **धीरूभाई अंबानी**

‘‘मैं अकेली हूँ, लेकिन फिर भी मैं हूँ, मैं सब कुछ नहीं कर सकती, लेकिन मैं कुछ तो कर सकती हूँ और इसलिए कि मैं सब कुछ नहीं कर सकती, मैं वो करने से पीछे नहीं हटूँगी जो मैं कर सकती हूँ।’’- **हेलेन केलर**

‘‘व्यक्ति विचारों से निर्मित प्राणी है, वह जो सोचता है वही बन जाता है।’’- **महात्मा गाँधी**

‘‘तितली महीने नहीं क्षण गिनती है और उसके पास पर्याप्त समय होता है।’’- **रवीन्द्रनाथ टैगोर**

‘‘सिर्फ खड़े होकर पानी देखने से आप नदी नहीं पार कर सकते।’’- **रवीन्द्र नाथ टैगोर**

‘‘एक हीरो आम आदमी से ज़्यादा बहादुर नहीं होता लेकिन वो पाँच मिनट अधिक बहादुर रहता है।’’- **राल्फ वाल्डो इमर्सन**

''जीतो ऐसे जैसे तुम्हें इसकी आदत हो, हारो ऐसे जैसे कि आंनद उठाने के लिए एक बदलाव किया हो।''- **इमर्सन**

''उठो! जागो और तब तक मत रुको जब तक लक्ष्य की प्राप्ति नहीं कर लो।''- **स्वामी विवेकांनद**

''लड़ाई ख़ुद के दम पर लड़ी जाती है दूसरों के दम पर तो सिर्फ जनाजे उठते हैं।- **भगतसिंह**

कुछ अनमोल वचन लेखिका की कलम से-

''ब्रांडिड सोच सफलता की सीढ़ी है।''

''बुलंदियों को छूना मुश्किल हो सकता है मगर नामुमकिन नहीं।''

''बारम्बार अभ्यास आपको अपने क्षेत्र में एक कुशल कारीगर बना देता है।''

''अपने सपनों से बेपनाह मोहब्बत करो, उसके इश्क में डूब जाओ और उस इश्क को पाने के लिए दिन-रात एक कर दो।''

''योग एक ऐसी विद्या है जो आपके आंतरिक चक्षुओं को खोलकर आपको शक्तिशाली बनाती है।''

''जो कठोर मेहनत का प्रेमी है, सफलता उसकी गुलाम है।''

''योग एक ऐसी चाबी है, जो आपकी कुशलता और क्षमता के जंग लगे दरवाजों को खोलती है।''

''पुरुषार्थ, धैर्य, ज़ुनून, बुलंद हौसले व ख़ुद पर भरोसा ज़िंदगी के लिए वो अमृत है जिसको पीकर आप ऊँची उड़ान का आनंद ले सकते हैं।''

''ऊँची उड़ान पर हर उस अमीर या गरीब का अधिकार है, जिसमें उसको छूने की काबिलियत है।''

''जिस इंसान ने भ्रांतियों का चश्मा पहन लिया, वह कभी भी ऊँची छलाँग नहीं लगा सकता।''

''भ्रांतियाँ, ऊँची उड़ान की सबसे बड़ी दुश्मन हैं।''

"नशे की आदत, अश्लील साहित्य का शौक, चरित्र-हीनता, ऊँची उड़ान के घोर शत्रु हैं।"

अध्याय 7
अंतिम पड़ावः छू लो आसमाँ

इस अध्याय में मैं आपको बताना चाहती हूँ कि जब मैं सामान्य बुद्धि के साथ अपनी समस्त पारिवारिक जिम्मेदारियों, कार्यालय संबंधी समस्त उत्तरदायित्वों को बखूबी निभाते हुए, घर व ऑफिस के कार्यों में सामंजस्य स्थापित करते हुए, रास्ते में आने वाले संघर्षों व असफलताओं को रौंदते हुए 40 वर्ष की आयु में भी ऊँची उड़ान का सपना देख सकती हूँ, सपनों को पूरा करने के लिए कर्तव्य पथ पर आगे बढ़ सकती हूँ, समाज सेवा व देशसेवा में अपना योगदान देने की हिम्मत कर सकती हूँ तो आप सब क्यों नहीं ? इतिहास इस बात का

साक्षी है कि बहुत सी महान हस्तियाँ जन्म से ही जीनियस नहीं थी अपितु अपने कर्मों से महान बनी थी। **दुनिया के महान वैज्ञानिक आइंस्टीन को दसवीं कक्षा तक मंद-बुद्धि माना जाता था और बल्ब के महान आविष्कारक एडीसन महोदय को आविष्कार से पहले लोग पागल कहते थे।**

ऊँची उड़ान की प्रथम सीढ़ी चढ़ने के लिए सर्वप्रथम जरूरत है ख़ुद से प्यार व 'ख़ुद पर विश्वास' की। एक बात याद रखें, हर किसी के अंदर अपनी ताकत व अपनी कमजोरी होती है। **''मछली जंगल में दौड़ नहीं सकती और शेर पानी में राजा नहीं बन सकता।''** बस जरूरत है तो अपनी ताकत को आंतरिक चक्षुओं के बल पर समझने की। मेरा यह दृढ़-विश्वास है कि सफल इंसान कोई अलग काम नहीं करता, बस वह काम को अलग तरीके से करता है। वह दिन-रात एक चैम्पियन की तरह ही सोचता है और एक चैम्पियन की तरह ही कार्य करता है।

विजेता विपरीत परिस्थितियों में भी जयशंकर प्रसाद जी द्वारा कहीं गई निम्न पंक्तियों को गुनगुनाता है-

''वह पथ क्या, पथिक कुशलता क्या

जिस पथ पर बिखरे शूल ना हो।

नाविक की धैर्य परीक्षा क्या

यदि धाराएँ प्रतिकूल न हो।''

क़ामयाबी का ज़ुनून, हार में भी फौलाद की तरह डटे रहना व जीतने पर धैर्य व विनम्रता बनाए रखना उस विजेता के लिए सफलता के अचूक हथियार है।

मानव जीवन बहुत ही अनमोल है, इसे व्यर्थ की बातों व नकारात्मकता से मिट्टी में नहीं मिलाना है। बचपन में सबका जीवन एक कोरे कागज की तरह होता है। समय के साथ-साथ आप उस पर जैसे रंग भरते जाएँगे, जैसी नक्काशी करते जाएँगे, वह वैसा ही बनता जाएगा।

'इसलिए यह अति आवश्यक है कि अपने इस कोरे कागज पर पूरे जोश ज़ुनून, कठोर मेहनत के बल पर ऊँची उड़ान की ऐसी नक्काशी कीजिए कि क़ामयाबी पग-पग पर आपके क़दम चूमने को मजबूर हो जाए, भ्रष्टाचार की दीवारें ख़ुद-ब-ख़ुद आपके ज़ज्बे को देखकर ध्वस्त हो जाए, संघर्ष व असफलताएँ आपके बुलंद हौसलों के सामने पस्त हो जाए और ख़ुद खुदा भी आपके खून की तरह बहते पसीने को देखकर पसीज जाए।

मुहम्मद इकबाल साहब का एक बहुत ही मशहूर शेर है-

"ख़ुदी को कर बुलंद इतना की

हर तकदीर से पहले

ख़ुदा बंदे से ख़ुद पूछे

बता तेरी रजा क्या है।"

सैकड़ों-हजारों नाम अपनी मेहनत, लगन, ज़ज्बे, ज़िद्दीपन, दृढ़-निश्चय व आत्मविश्वास के बल पर इतिहास के पन्नों पर सुनहरे अक्षरों में चमक रहे हैं और नव प्रभात में सूर्य की किरणें अगले यौद्धा का बड़ी ही बेसब्री से इंतजार कर रही है।

अब फैसला आपका है- "आराम या ऊँची उड़ान"

लेकिन ऊँची उड़ान की सार्थकता इस बात में है कि ऊँचाइयों पर पहुँचकर, क़ामयाबी हासिल करके जश्न में कहीं बहक नहीं जाना, कहीं भटक नहीं जाना है।

"आपके पैर जमीन पर ही हो और निगाहें आसमाँ पर।"

इस ऊँची उड़ान को हमने सिर्फ अपने लिए ही हासिल नहीं किया है अपितु यह सफलता असल में तब सफलता कहलाएगी, जब आप इस ऊँची उड़ान के बल पर देश निर्माण में भी अपना योगदान देंगे। हमारे वो भाई-बहन जो सफलता की तलाश में इधर-उधर भटक रहे हैं, उन्हें सही रास्ता दिखाएँगे। जो साथी हार मानकर बैठे हैं, उनको सहारा देकर खड़ा करोगे ताकि चहुँमुखी प्रतिभा चमके, ताकि सतत् विकास (ऐसा विकास जो न केवल अपने लिए अपितु आने वाली पीढ़ियों के लिए भी लाभकारी हो) हो।

अन्त में, मैं ढेरों शुभकामनाओं सहित अपने प्रिय पाठकगण को अपनी इस कविता के साथ आत्ममंथन व क्रियान्वयन के लिए छोड़ती हूँ।

कविता: ऊँची उड़ान (स्वरचित)

ऊँची उड़ान की तमन्ना

किसकी नहीं होती ?

हर इंसान ज़िंदगी में

किसी ना किसी क्षेत्र में

बुलंदियों को छूना चाहता है

और हाँ दोस्तो ! यह क़ायनात भी

किसी के साथ कोई भेदभाव नहीं करती

यह करती है इंतजार अपने असली यौद्धाओं का

यह देती है ठोकरें

ताकि तुम सम्भलने की हिम्मत रख सको

यह देती है चुनौतियाँ

ताकि तुम उनका डटकर मुकाबला कर सको

यह देती है असफलताएँ

ताकि तुम सफलता का असली स्वाद चख सको

यह प्रकट करती है अग्निपथ

ताकि तुम्हारे धैर्य-कुशलता की परीक्षा हो

डॉ. सुचेता यादव

इस कायनात का एक गजब का करिश्मा है

जो जैसा सोचता व करता है

वह वैसा ही बन जाता है

अतः हमेशा एक विजेता बनने की सोच

एक चैम्पियन की तरह कामकर

बुलंदियों को छूने की चाहत कर

पसीने की बूँदों को तू बहा दे

मेहनत से सोना तू उगला दे

कुंदन की तरह तपकर

ख़ुद को निखार ले

निहार ले स्वयं को

कि एक दिन तेरा भी आएगा

जब तू अपनी मेहनत से

इस पूरी दुनिया में पहचाना जाएगा

तेरा जज़्बा, तेरा जोश

इसमें बहुत काम आएगा।

हे मनुष्य !

मंज़िल तेरा इंतजार कर रही है

तो चल पड़ सफलता को प्राप्त करने के लिए

दिखा दे दुनिया को

कि तेरा जन्म इस धरती पर

निष्क्रिय होकर रहने में नहीं हुआ है,

अपितु सक्रिय बनकर

बुलंदियों को छूना ही तेरा कर्म है

देश सेवा-समाज सेवा ही तेरा धर्म है

दे दे उड़ान आत्मविश्वास की

तोड़ दे मेहनत से सभी अवरोधों को

दिखा दे दुनिया को

कि तू एक साधारण इंसान नहीं है

अपितु ईश्वर की सुंदरतम रचना है

जिसका जन्म ही इस धरती पर

ऊँची उड़ान भरने के लिए हुआ है

और वह दिन दूर नहीं

जब तू अपनी मेहनत से

अपने हौसले व आत्मविश्वास से

तू ऊँची व भव्य उड़ान भरेगा

और तेरा नाम

इतिहास के स्वर्णिम पन्नों में

छापा जाएगा

और तू इस कायनात का

असली यौद्धा कहलाएगा... असली यौद्धा कहलाएगा..।''

www.ingramcontent.com/pod-product-compliance
Lightning Source LLC
LaVergne TN
LVHW041707060526
838201LV00043B/610
* 9 7 8 9 3 9 4 6 0 3 1 5 8 *